JN302671

発達が気になる子のための自立・就労トレーニング

家庭・学校・社会生活での支援と訓練

田中和代 [編著]
（B型作業所さくらハウス施設長・臨床心理士）

野村昌宏 [著]
（福井県発達障害児者支援センター相談員・社会福祉士）

合同出版

まえがき

　発達障害を持つ子どもはどう育てたらよいのでしょうか。どのように育てたら、社会で自立して生きていけるようになるのでしょうか。

　私はこれまで発達障害の子どもを持つ大勢の親御さんからの「普通の小学校に通わせたい」「中学校の勉強についていけるようにさせたい」「高校卒業後の進路に悩んでいる」などなど、さまざまな相談にのってきました。その後、通常の学校に進学し「勉強の方もなんとかついていっています」「高校を卒業しました」「大学に合格しました」などという報告をもらうこともありました。

　しかし、高校を、あるいは大学を卒業すれば、「めでたし、めでたし、その後幸せに暮らしました」、というわけにはいきません。発達障害児の人生の困難は、高校卒業、大学卒業からはじまるともいえます。

　私は、これまで乳幼児健診、言葉が遅れたりコミュニケーションをとりにくい幼児の療育指導、小中学校や高校ではスクールカウンセラーとして発達障害児の支援をしてきました。その後、就労をサポートする機関で就労支援の業務に従事し、その後は大学の発達障害の専門教員として発達障害の学生の修学・就職支援を推進してきました。

　幼児から高校生までの発達支援をしていたときは、「学校でなんとかやっていけること」に気を配ってきましたが、就労支援という領域で学校を卒業した発達障害者にかかわるようになると、大学卒業という学歴があったからといって、発達障害者は社会で自立できないことを痛感するようになりました。

　発達障害を持つ人びとにとって必要なのは、学力だけではないのです。さまざまな生活スキルが身についていることが重要なのです。

　「発達障害は親の育て方が悪い」のではありません。育て方が悪かったので発達障害になったわけではありませんが、しかし同時に、「生きやすさは育て方で大きく変わる」のです。それは発達障害があってもなくても、人は育てたように育っていきます。発達障害があっても、さまざまな能力を獲得していけば、社会の中でずっと生きやすくなります。

　発達障害児者が社会で自立して生きていくときに、不足しがちな能力や態度はつぎのようなものと考えています。

- 困った場面に遭遇したとき、なんとかしようと解決する態度、解決する力。
- 目的に到達するための計画を立てる力。
- 自分の得意以外のことに興味を持つ態度。
- 気が向かなくても一応やってみる態度。
- あいさつができること。

- がまんができること。
- 家庭や学校で頼りにされる役割を持っていること。
- 自分の現状に危機感をもてること。
- 相手の立場を理解し、気持ちを想像できる力。
- 自分のためばかりではなく、人のために働けること。
- 思うように身体を使って作業する器用さ。

逆にいえば、このような力が育っていると、発達障害を持っていても生きやすくなります。

2012年4月、私はNPO福井女性フォーラムの仲間といっしょに発達障害者のためのB型作業所「さくらハウス」(福井市)を開設しました。B型作業所とは、障害者が作業を経験しながら、就労するための支援を受けられる、法律に基づく通所の施設です。

この作業所の開設を決意したのは、大学や就労支援機関などで就労のためのカウンセリングをしたり、就職斡旋をしても採用にまで至らないケース、就職できてもすぐにやめてしまう人があまりに多いことを痛感したからです。働き続けるための態度や能力を身につけるには、苦しさをがまんしたり、困難を解消するために自分なりの工夫したりするなど、実際の体験を通して身につけていくことが大切だと考えたからです。

この本には、私が出会ったさまざまな特質を持った発達障害者に登場してもらいました。もちろん、登場人物は「実名」という断りがないかぎり、すべて架空の人物ですが、発達障害を持った人びとの特質を理解するうえで、本質的な事例です。彼ら、彼女たちを通して自立して生きていくためにどんな力が必要なのか、子育てを通して自立して生きるための生活スキルをどうしたら身につけさせるかの方法を紹介しました。

また、当事者や保護者などが社会生活を送るにはさまざまな障害者福祉の援助も必要です。この分野の専門家である発達障害児者支援センター「スクラム福井」の野村昌宏さんに、知っておきたい発達障害者関連の法制度や利用できる障害者・福祉サービスについて、わかりやすく書いていただきました。

この本がみなさまのお役に立てれば大きな喜びです。

この本を出版するにあたって、適切なサポートと編集をしてくださった合同出版の坂上美樹さんと適切なイラストを描いて下さった深見春夫さんにに感謝をいたします。

田中和代

【お断り】この本の中に出てくる事例は、「本名」という断りがないかぎり、すべて仮名です。また事実を本質を損なわない程度に、年齢、環境などを改変しています。だれか個人を特定できる事例ではありません。また、「しょうがい」の表記については「障害」「障碍」「障がい」などさまざまありますが、この本では「障害」に統一しました。

もくじ

まえがき

第1章　困っている発達障害者……7つのケース

1　IQも高くパソコンの打ち込みは速いのに働けない……008
2　予定の変更が苦手で、ていねいすぎてスピードについていけない……010
3　一流大学に入れたが、卒業できそうもない……012
4　大学は出たが親が障害を認めず、30歳過ぎても就職できない……014
5　先生の言葉どおり本当に3年間だけ働き、その後仕事につこうとしない……016
6　もともと不器用が特別扱いでより不器用に育った……018
7　勉強ができたので、興味のあることだけをやっていた……020
コラム　発達障害者の中には働けなくても困っていない青年もいる……022

第2章　発達障害者の子ども時代……4つのケース

1　家族がいくら注意をしても自分から何もしようとしない……024
2　ADHDと診断後、これまで以上に学校中を動き回るようになった……026
3　トップの成績が維持できないと不安が強まり、勉強が手につかず引きこもる……028
4　小さい頃からひたすら怒られてばかりで、非行に走った……030
コラム　発達障害の診断について……032

第3章　うまく適応している発達障害者……3つのケース

1　高機能自閉症と診断されたが、問題を抱えつつも勤務を続けている……034
2　乱暴者が塗装業に弟子入り。トラブルはあるが働き続けている……036
3　面接が苦手で就職に失敗。親が経営する事務所で働いている……038
コラム　公務員として勤務している明石徹之さんはどのように育てられたのか……040

第4章　二次障害を引き起こさないために……4つのケース

1　二次障害とは何か……046
2　過去のいじめを思い出して苦しむ……050
3　道路で大声を出して泣き崩れる……051
4　自分で自分を激しく怒鳴る……053
コラム　杉山登志郎氏のタイムスリップ理論と虐待……054

第5章　社会に出ても困らない子育て法

1　子どもをそのまま受容する……056
2　受容できる親になる会話の練習……058
3　自主性を尊重しすぎない……061
4　あいさつ言葉が自然に出てくるトレーニング……063
5　脳に回路を作るトレーニング……065
 コラム 　作業所さくらハウスの訓練……067
6　生きるためのスキルを身につける……069
7　身辺自立のスキルを身につけるトレーニング……071
 コラム 　N保育園に学ぶ「毎日の生活で発達を促す保育」……074
8　自己決定力・自己責任力が身につくトレーニング……078
9　電車やバスを使うトレーニング……080
10　買い物スキルトレーニング……082
11　幼いときからお手伝いをさせる方法……085
12　家事を身につけるトレーニング……086
13　夕食を一人で作らせる方法……089
14　家事で「働く力」を身につけるトレーニング……094
15　役所や銀行の手続きができるようになるトレーニング……095
 コラム 　TN君（26歳・男性）安心のしごと場を見つけるまで……097

第6章　特別支援学校へ行かせるか？

1　特別支援学校（学級）と普通学級……102
2　通常学校に行き辛い毎日を送っている……105
3　能力以上のことを求められ、暴力的に……106
4　IQは高かったが、からかわれ続けた……107
5　何もできない青年に育った……108
 コラム 　差別がなければ、特別支援学校に行きたがるケースが増える……109
 コラム 　親の会……110

第7章　支援制度・福祉サービス

1　発達障害者支援法……112
2　障害者雇用に関する制度……114
3　福祉サービスに関する制度……116
4　生活に深くかかわる制度……120
コラム　オープンとクローズ……126
5　発達障害者の就労に関する機関……127
6　安定して働くための工夫……129
7　収入が少ないときの工夫……130
コラム　自動車運転免許を取得しよう……132

参考になる本・文献・サイト
あとがきにかえて

第1章

困っている発達障害者

7つのケース

発達障害を抱えているものの知的遅れがなかったため、
通常の学校で学んできた子どもたちがいます。
なんとか高校や大学まで進んできましたが、
就職となるともう前に進めないで困っています。

1 リュウヤさんのケース 25歳・男性
IQも高くパソコンの打ち込みは速いのに働けない

　リュウヤは普通高校に進学しました。知らない人にも平気で話しかけるフレンドリーな性格です。しかし話の内容が幼稚で、話題は「セーラームーン」や「プリキュア」などテレビアニメのことばかり。相手の都合も考えずにしゃべり続けます。同級生からは「変なやつ」と思われ、中学や高校に入学後次第にからかわれるようになります。そのたびにむきになっていい返します。口だけでなく、机を倒すなどの暴力的な行為をするようになり、親が学校に何度も呼び出され謝ってきました。

　小学校では算数など計算が得意でしたが、中学校では図形や証明など説明が複雑になるような問題が出てきてからは、次第に理解できなくなり、とくに国語や英語はまったく理解できなかったようです。50分の授業は最後まで座っていることができず、飽きてくると授業中に教室を出て保健室などで過ごしました。

　高校入学当初ははりきって勉強をしましたが、トラブルをたびたび起こし、学校からも「なるべく教室には行かないでくれ」といわれていました。高校3年生になると、ほとんどの授業には出られなくなり、保健室にいた時間の方が長かったようです。学校の配慮でなんとか卒業させてもらい、大学進学も希望しましたが、どこにも合格しませんでした。

　リュウヤはアニメのフィギュアを作るのが趣味で、手先も器用で作業の能力は低くはありませんが、「興味のないことに、一定時間がまんして作業に向かう」ということができないので、通常の就職はできません。入社試験で、筆記試験ではパスしたところでも面接では落ちてしまいました。

　そんなばあい、障害者として作業所などに行き、職業訓練をしたりするという方法が考えられますが、親は「リュウヤは能力が高いから障害者の作業所は似合わない。パソコンの入力が得意だから、在宅でできる打ち込みの仕事を探す」と、福祉的な就労を拒否しています。

　現在、高校卒業して7年経過しています。本人は「働きたい」と親にいっていますが、就職させてくれるところはなく、打ち込みのバイトも見つけられず、しかたなく家でパソコンでゲームをしたりテレビを見て過ごしています。

「歴代のプリキュアで一番なのが……」

❶高校では、相手の都合も考えずにしゃべりまくり、「変なやつ」と思われた。

❷授業中飽きてくると、教室を出て保健室などで過ごした。

「筆記試験の点数はいいけど」

❸入社試験では、筆記試験でパスしても面接で落ちてしまった。

「あなたは頭がいいんだから障害者の作業所など似合いません」

❹親は「リュウヤは能力が高いから」といって福祉的な就労を拒否している。

2 予定の変更が苦手で、ていねいすぎてスピードについていけない

サトシさんのケース　27歳・男性

　サトシは口数が少なく自分から他人に話しかけることはありませんが、聞かれたことにはなんとか返答ができます。きれい好きで、自分の部屋のそうじはきちんとできます。物への執着がなく、衣類などの流行にはまったく興味がありません。着るものはすべて母親が買い揃えています。

　小学校から高校まで、自分から人に話しかけることはほとんどありませんでした。友だちができず、いつも一人ぼっちだったので、親は心配しましたが、本人は一人ぼっちを苦にしている様子はありませんでした。知的な遅れはなく、学習面で特別困ったことはなく、中学校の成績も悪くはなかったので、難なく普通高校に進学して卒業しました。

　卒業後、親が「安定した有名会社に就職させたい」と望み、大手の製造会社の正社員として、工場のラインの作業に配置されました。親は「一流の会社に入社できた。これでやっと安心できた」と喜びました。

　入社後、半年ほど経過した頃、サトシがふさぎ込むようになりました。心配した親がサトシに聞くと、「仕事の予定がたびたび変わるので、困る。また上司によく怒られる」と打ち明けました。どうも、サトシは、予定の急な変更に対応できにくいようです。決められている仕事の予定に従って自分の予定を頭の中で立てて、心の準備をして仕事に向かいます。それで会社の予定が急に変わると、その変化にサトシがついていけないのです。

　親が会社の上司に相談しに行くと、上司は「サトシ君は、まじめにとてもていねいに仕事をやってくれます。しかしていねいすぎてラインのスピードについていけず、急ぎの仕事だろうとマイペースで困っている。こちらの指示に従ってくれるようにいってください」といわれてしまったのです。

　次第に休むことが多くなり、「会社をやめたい」というようになりました。親は、サトシが辞めないように、説得をしたのですが、無理なようで、2カ月後に辞表を出しました。その後ハローワークに行き、いくつか工場のラインの仕事に就きましたが、どこの職場も急な変更があり、また「のろい！」と叱られ、仕方なく退職しました。いまは就職をあきらめて家にいます。

❶小学校から高校まで、自分から人に話しかけることはなく、いつも一人ぼっちだった。

❷知的な遅れはなかったので、無事高校を卒業し、大手の会社に就職できた。

❸仕事はていねいだけれど、マイペースを守り、ラインのスピードについていけない。

❹会社を休むことが多くなりついに辞表を提出した。

3 イチロウさんのケース 24歳・男性
一流大学に入れたが、卒業できそうもない

　イチロウは広汎性発達障害と診断されています。IQも高く、中学や高校ではトップの成績で、大学も一流国立大学の教育学部を受けました。幸い現役で合格したので、地元の「親の会」の人たちも大喜びでした。みんなの声援に送られて、大学のある都会にアパートを借りて生活をはじめました。

　4年目になって、イチロウから親に「卒業できないかもしれない。実習科目が取れない」と連絡がありました。高校までと同様、大学でも順調に単位が取れていると思っていたので、親はたいへん驚きました。「大学なら留年もめずらしいことではない。来年がんばりなさい」と親も納得しましたが、5年目も6年目も実習科目取得ができず、8年間で卒業できるか危ぶまれるようになってきています。

　イチロウにどうして単位取得ができないのか聞きました。するとつぎのような話をしてくれました。教育学部ですので、必ず教育実習があります。実習に備え万全の準備をしていくのですが、実際に学校に行くと、生徒たちが予測できない行動をするのだそうです。たとえば、自分だけ拒否されたり、からかわれたりします。すると不安が強くなり、考えがまとまらなくなり、授業計画案や実習報告などが書けなくなってしまうのだそうです。

　親が指導教員のところに相談に行きました。すると教員は「イチロウ君は、筆記試験の成績はたいへんよいのです。しかし対人関係能力が低いので、教員には向いていないのではないか。卒業をするのはむりかもしれない。今からでも別の道を探した方がよいのではないか」というのです。両親は、「大学入学後6年目になって、今さらそんなことをいわれても」と途方にくれています。

❶中学高校トップの成績。現役で一流大学の教育学部に合格。

「一流大学合格おめでとう！」

❷大学のある都会に出て、アパート生活をはじめる。

❸教育実習で生徒に受け入れてもらえず、自信をなくし、指導書が書けなくなる。

「へんなの」
「おかしいね」

❹指導教員に相談すると……

「イチロウくんは対人関係能力が低いので、教員には向いてませんね」
「えっ」

4 ミカさんのケース 30歳・女性
大学は出たが親が障害を認めず、30歳過ぎても就職できない

　ミカは面接は苦手ですが、筆記試験が得意で、私立大学の一般入試をクリアして入学しました。いつも固い表情で、自分から話しかけたり、質問に答えるなどが苦手でした。しかし自宅から大学に通っていましたので、親も安心していました。

　1年生のある日、大学から「授業中寝ていることが多い。グループ演習で2人組で話し合いをすると、何もしゃべらないので、相手が困ってしまう。本人に注意してもまったく反応がない」という連絡がありました。そして「このままでは卒業に必要な単位が取れない」ということでした。しかし親は、「なんとかなるだろう」と思っていましたが、やはり4年間で卒業できませんでした。

　そこで親が「どうしても大学は卒業させたい。なんとかしてほしい」と大学に相談をしました。大学のカウンセラーが本人と面談して、聞き取りや検査をしたところ、ミカは耳から聞いた情報を理解する能力が劣っているようでした。英会話など聞き取りと理解力が必要な授業では、ほとんど理解できていませんでした。大学から紹介された大学院生を家庭教師として雇い、苦手な授業にいっしょに出てもらい、予習復習をしてもらうことで、なんとか5年間で卒業できました。

　親は「大学を卒業できれば就職できる」と考えていましたが、ミカが自分から就職試験を受けることはなく、卒業までに就職は決まりませんでした。親は何回か、自分でハローワークにいって求職するようにいいましたが、1回行ったきりで、その後は行こうとしません。親が大学に就職の斡旋を頼みましたが、「障害者枠で就業した方がよいと思うので、まずは病院に行って障害であるという診断を受けてください」といわれました。親は「うちの子は大学を卒業しているのだから、障害者だなんてとんでもない。失礼だ」と激怒して、それ以降大学には相談をしていません。

　大学を卒業して8年目、30歳を超えましたが、一日中自室でゲームをしていることが多く、家からほとんど外出しません。現在も親はミカが障害者であることは認めようとはしませんが、「自分から働きかけができない子だから、このままでは就職も結婚も進展がないだろう。私たちが死んだらどうするのか」と心配しています。

❶いつも固い表情で、対人関係が苦手。筆記試験は得意で、私立大学に合格。

❷大学から親に連絡が入り、このままでは卒業できないかもしれない、といわれた。

検査したところ、ミカさんは耳から聞いた情報を理解する能力が劣っているようです

❸大学はなんとか卒業できたが就職は決まらなかった。カウンセラーに相談すると……

病院に行って障害の診断をもらってください

失礼な！ミカは障害者じゃない

❹30歳を過ぎたが、一日中自宅にこもってゲームをし、外出することはほとんどない。

私たちが死んだらどうするのかしら

このままでは就職も結婚もできない

5 先生の言葉どおり本当に3年間だけ働き、その後仕事につこうとしない

ミドリさんのケース　29歳、女性

　ミドリは29歳です。はじめて就職した会社を辞めてから8年間家にいます。

　高校在学中、ミドリはまじめで気が利かないと評判の生徒でした。それで担任からは「お前は対人関係が苦手だから、人とのつき合いがあまりない職場がいい」と、家の近くにある電子部品の組立工場に就職させてくれました。

　高校の卒業式の時、担任は「ミドリ、就職先は給料もよいし、こんな理想的な職場はないぞ。だからすぐにやめてはいけない。"石の上にも3年"という。せめて3年間はやめるな」という餞（はなむけ）の言葉を送ってくれました。

　工場での仕事は、コンベアーで流れてくる電子部品を、ドライバーなどを使って組み立てる仕事です。もともと器用でまじめなミドリでしたので、その仕事は簡単にこなしているように見えました。毎日の勤務は三交代でしたが、ほとんど欠席することなく、遅刻や早退もなく勤務を続けていました。3年目に入り、判で押したように、勤務時間に合わせて自分で起きて、遅刻しないように出かけて、寄り道もせずに時間に帰宅する毎日が続いていました。悪い友だちもいないようで、仕事以外に出かけることはありませんでした。こんな安定した勤務ぶりのミドリを見て、親は安心していました。

　しかしある日、職場の上司から「ミドリさんが仕事の時間になっても来ていません。欠席連絡がありませんが、病気でしょうか？」という電話がかかってきました。今までそんなことがなかったので、体調でも悪いのかと心配してミドリの部屋に行った親に、「今日から会社には行かない」といったのです。驚いてミドリに理由を聞いたところ「3年間働いた」とだけつぶやきました。よく聞いてみると、どうも人間関係に苦しさを感じていたようでした。

　それからは、働いている母親の代わりに夕御飯の支度や、そうじなど家事を引き受けています。近くのスーパーに一人で買い物にも出かけます。しかし、働いてくれという親の言葉には耳も貸さず、決してハローワークに行こうとはしません。

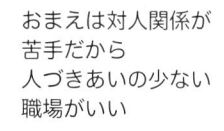

おまえは対人関係が苦手だから人づきあいの少ない職場がいい

組立工場

❶高校の担任は電子部品の組立工場に就職させてくれた。

石の上にも3年。せめて3年間はやめるなよ

❷卒業のとき、担任がミドリにはなむけの言葉を送った。

ミドリ

❸遅刻・早退もなく、病気以外で休むこともなく、まじめに働いた。

3年間働いたからもう会社に行かない

えっ!

❹以来8年間、家にいて仕事につこうとしない。

6 | サトルさんのケース　23歳・男性
もともと不器用が特別扱いでより不器用に育った

　サトルは23歳になっています。姉と兄の下に生まれた歳の離れた末っ子です。兄たちはもう結婚したり、就職したりして独立しています。サトルは幼児の頃から、不器用な子どもでした。階段を登っている途中転げ落ちる、ブランコから落ちる、転ぶときは手が出ないので顔からつっこみます。オモチャの片づけをさせても、かえって散らかすような始末でした。

　小学校の担任から「サトル君は不器用ですから、家でお手伝いをさせてください」といわれました。それで食事の支度の手伝いをさせると、すぐに茶碗やお皿を落として割ってしまいます。宿題の工作では、釘を打とうとして、指に釘を刺したり、金づちで手のひらを思い切りたたいて大けがをしました。スイミングスクールに通っても、水が怖くて泳げるようになりませんでした。成績も悪く、走るのも不格好でスピードも遅く、運動会ではいつもビリでした。

　幸い歳の離れた姉や兄に可愛がられ、サトルが「困った。助けて」という前に何でもしてくれましたので困ることはありませんでした。学校では、お客さん的存在で、クラス委員などがお世話係として何かと面倒をみてくれていました。担任からは宿題ができていなくても、テスト結果が悪くても、「サトルだからしかたない」と特別扱い（見放）されていました。

　高校を卒業して就職口がなかったので専門学校に進学しました。その専門学校では工場などに実習に行くのですが、実習の初日に、「気が利かないし、金づちであちこちたたいたりして、高価な機械を壊しそうだから来られたら困る」と出入り禁止をされてしまいました。実習ができず、とうとう中退をして、その後は３年間何もせず家にいます。

　今23歳になり、福祉施設で就労支援を受けています。指導員から「不器用で何もできないし、自分からしようという態度が見られません。家で何か手伝いをさせてください」といわれて、両親は、風呂洗いと、夕飯の皿洗いをさせてみました。風呂を洗うと脱衣所まで水びたしにして、皿洗いではガラスのコップを割って手を切ってしまうなど、手伝わせるだけ親の負担が多くなるので、なかなか手伝いを頼めないでいる状態です。

❶サトルは幼いときから不器用だった。

❷家では歳の離れた姉と兄が何でもしてくれたので、困ることはなかった。

「サトル、リュックサックにおべんとうとお菓子つめておいたよ」

「お姉ちゃんがボタンしてあげる」

❸専門学校へ進んだが、実習へ行った先から「機械を壊されそうだから来ないでくれ」といわれる。実習ができずに中退。

「その機械は500万円もするんだ！　やたらにたたかないでくれや！」

❹福祉施設の就労支援を受けているが、家の手伝いをさせても、親の負担がふえるばかり。

「あーあ、こんなところまで水びたしにしちゃって！」

7 リョウタさんのケース 30歳・男性
勉強ができたので、興味のあることだけをやっていた

　リョウタは現在30歳。大学卒業後、家にいます。

　幼少時、言葉が出るのが少し遅れていましたが、周囲のいうことが理解できて、知的な遅れはなさそうということで、親は安心していました。その後、言葉は少なめですが話ができるようになり、小学校入学後は成績が飛び抜けてよく、ゲームをしにくる友だちもいました。とくに電車や時刻表への興味が強く、暇なときはゲームをしたり、時刻表を見て楽しんでいるようにみえました。

　中学・高校の成績もよく、高校は地元の有数の進学校に行き、大学も希望の有名大学の物理系に進みました。大学は都会でアパートで一人暮らしをしました。親は、有名大学で勉強ができるリョウタの将来に期待をかけていました。

　大学4年生の時、大学の指導教員から「リョウタ君が授業に出てこない。アパートに行っても返事がないので心配」という連絡が入りました。そのときは親がアパートまで見に行きました。リョウタが昼夜逆転の生活をしていたので、親が電話で朝起こす、ときどきは親がアパートを訪れるなどして、指導教員とも連携してなんとか卒業できました。

　しかし、卒業しても就職しませんでした。リョウタが「今は就職がむずかしい時期。来年こそがんばる」というので親が納得し、生活費の仕送りを続けました。しかし、3年たっても就職しようという気配が見えず、親がアパートを訪れて、無気力な生活をしている有様を見て、むりやり実家に連れ帰りました。親が就職について聞くと「自分は本当は研究職になりたかったんだ。大学4年の時、大学院を受験したが、落ちてしまった。だから就職できていない」といいました。実家に戻ったリョウタは、家の農業の仕事を手伝うこともなく、大学院受験のための勉強をしている様子もなければ、興味のあることを追求している様子もありません。

　実家に帰って2年目にとうとう親は「コンビニでも、力仕事でもいいので就職してくれ。親はもう経済力はない」といいましたが、「ぼくはコンビニの店員や力仕事などむりだ。研究職にしか向いていない」といい、仕事を探すのでもなく家にいるだけです。

❶ 小学校入学後は成績がとびぬけてよく、とくに電車や時刻表への興味が強かった。

「リョウタくん こんどもよくできたわね」

❷ 進学校ではトップの成績。有名大学の物理系に進学。親はたいへん期待をした。

「将来の成功間違いなしね」

有名大学

❸ 一人暮らしで昼夜逆転の生活を送るようになり、周囲のサポートでなんとか卒業。大学院を受験するが不合格。

「いつ来ても昼間ねてるのね」

❹ 大学卒業後仕送りを続けたが3年たっても就職せず、今も仕事につかずブラブラしている。

「コンビニでも力仕事でもいいから就職してくれ」
「ぼくは研究職しか向いていない。そういう仕事は無理」

発達障害者の中には働けなくても困っていない青年もいる

　自分の置かれている状況を自分で困ったり、心配するというのは、まだましなのかもしれません。「自分で自分の状態を困った状態」だと困り感を持つことは人間として当然です。しかし中には、働いてなくても困り感を感じていない人もいます。こんな場合は、本人の代わりに、周囲が困っています。

> ボクはご飯も少ししか食べないし、着るものもほとんど買わないので働かない。
> 親がいなくなって困ったら、ホームレスになりますよ

> 星矢のフィギュアを買うので金くれよ

> 仕方ないわね。今月はこれでもう3つ目ですよ

> かあちゃん、昼ごはんは？早くしてくれよ

> 私はもう75歳。いつまでこんな生活が続くのかしら

第 2 章

発達障害者の子ども時代

4つのケース

就職の場で困っている、そんな青年たちは、
どんな子ども時代を送ってきたのでしょうか。
子ども時代の問題点を考えてみましょう。

タロウさんのケース　小学校1年生・男子

1 家族がいくら注意をしても自分から何もしようとしない

　小学校1年生で、幼稚園時代から発達に問題があるといわれていたタロウのお母さんが、「子育て相談会」に来て、相談しました。

母　親「先生、うちのタロウは、何にもしようとしないんですけど、どうしてでしょうか？」

相談員「何もしないって、どういうことですか？」

母　親「朝起きて、布団の上にいつまでもぼーっとしているので、私がつぎつぎにチェックして、何回も注意をしてやっとするんです」

相談員「チェックして何回も注意することって、どんなことですか？」

母　親「まずは、起きたかどうか。そしてトイレに行ったかどうか。つぎは顔を洗ったかどうか。それから『ご飯を食べなさい』といって食卓まで行かせて、食事中は『早くご飯を終わらせなさい』とせかして、つぎは着替えですね。こんなふうに、私が何回も注意してさせます。集団登校の時間までに集合場所に行かせるのがたいへんなんです。間に合わないときには車で送っていきます。だから私は朝からとても疲れてしまいます。おじいちゃんやおばあちゃん、そして主人もとても心配していっしょになって注意をしてくれるんです。でもこんなに毎朝注意をしても、ちっとも自分でするようにならないのです」

　母親の話では、幼児の頃から動作が遅く、先生や親からいわれてやっと動き始めるという子どもでした。

　学校入学後、担任から「生活リズムが身につくように、もっとお母さんが、気をつけてください」といわれ、両親だけではなく祖父母までが「サッサとやるべきことをやるように」と注意をしているというのです。

　しかし、タロウは家族から注意をされて、状態が改善したのではなく、相変わらずのろのろとした行動しかできないでいます。

顔を洗いなさい

ご飯を食べなさい。早く食べなさい

着替えなさい

遅刻するからさっさとトイレに行きなさい

さっさとしなさい

やるべきことをやりなさい

早くしなさい

祖父　祖母　父　母

のろのろ

もっとお母さんが気をつけてください

担任

　タロウはもともと、動作が遅い子どもですが、注意されることによって、「いわれてからすればよい」状態が作られています。「遅刻しないか自分で心配する」ことがなくすんでいますので、このまま家族が注意を続けたら、「自主性」のない子どもに育ってしまう可能性があります。「自分で決めて行動し、その結果失敗する。つぎは失敗しないように気をつける」という経験を積ませる必要があります。

ジュンさんのケース 小学校6年生・男子

2 | ADHDと診断後、これまで以上に学校中を動き回るようになった

　ジュンは小学校に入学したときから落ち着きのない子どもでした。先生が注意しても、じっと席に座っていられません。先生は母親に「ジュン君は、落ち着きのない子で困ります。私が注意しても教室を出ていってしまいます。落ち着いて授業を受けられるように、おうちでもしつけてください」といいました。

　親は「家でのしつけが悪い」と非難されたように思い、すぐに病院に行きました。すると医師は、ADHD（注意欠陥多動性障害）という診断をし、「この子は発達障害ですから、教室で席を立ったといって、あまり怒らないように」とつけ加えました。母親は校長先生を訪ね診断書を見せて、「今までジュンが行儀が悪いようにいわれていましたが、この子は悪くなかったのです。じつはADHDだったんです。お医者さんから『席を離れたからといって怒ったりしないようにお願いします』といわれました」と伝えました。

　学校側はジュンの診断書と母親の申し入れを検討し、つぎのような方針を決めました。

　①ジュンが席を立っても怒らない。
　②ジュンの思いを大切にする。
　③ジュンが席を立ってほかのクラスや運動場などに行っても怒らない。
　④勝手に動き回りケガでもすると困るので、一人先生をつけて、安全には配慮する。

　それからのジュンは、これまで以上に自由に学校中を歩き回るようになりました。授業には10分ほど出席し、ほかの学年の授業に出る。中庭で花畑に散水する。相談室登校している子どもたちといっしょに遊ぶ。保健室で寝る。運動場をかけ回るなどです。ジュンの安全に配慮する先生に、スポーツが得意な若い男性が雇われ、走り回るジュンのあとをついていきました。

　現在ジュンは6年生になりました。相変わらず授業にはずっと参加できず、学校中をかけ回っています。もともと頭はよかったのですが、授業に参加できないので、成績はあまりよくありません。親は現在、成績のことを心配しています。

「ジュン君は落ちつきがなくて困ります。おうちでしつけてください」
担任　母

「ジュンはADHDですのでじっとしていなくても怒らないでください」
診断書

❶ジュンは小学校に入学したときから落ち着きのない子どもだった。

❷ジュンは病院でADHDと診断された。母親は診断書を持って学校へ申し入れをする。

授業中

「ボクはいつでも好きなことをしても怒られないよ」

❸ジュンはこれまで以上に自由に歩き回るようになった。

　ADHDの子どもは落ち着きがなく、授業時間じっとできない子もいます。そんなばあい、自由に動き回らせるのではなく、「最初は10分授業を受け、その後空き教室に行き、算数問題を5分してからならその部屋で遊んでもよい」などと指示し、できたらほめ、次第に授業参加の時間を延ばすなど、スモールステップ（少しずつ段階を踏んで）で自信をつけて集中を高められるなどの工夫が有効です。

3 ユミさんのケース 18歳・女性
トップの成績が維持できないと不安が強まり、勉強が手につかず引きこもる

　ユミは小学校の頃から成績も優秀で、親や先生のいうことをよく守り、家庭学習も完璧にしなければ、気がすまない子でした。親もユミの成績を喜び、よい成績を取るとごほうびをあげる、学習塾の送迎をする、宿題を終えるまで側でつき添うなど、全面的な協力をしてきました。何かの事情で宿題がやりきれないなど不完全な状態だと、その日は登校できませんでした。

　優等生として中学校を卒業し、レベルの高い進学校に入学しました。相変わらず塾通いを続けていました。しかし1年生の6月頃から、腹痛や頭痛などを訴えてユミが学校を欠席をするようになったのです。病院で診てもらいましたが、異常は見られず、精神的なものだろうといわれました。親が「このままでは不登校になってしまうから、トップは取れなくてもひとまず学校に行ったら」などとアドバイスすると、親に暴力をふるうこともありました。そのまま夏休みまで休み続けて、2学期が始まっても登校できず、塾もやめ、家で引きこもっていました。

　親への暴力が続いたまま、病院を拒否して1年生の終わりまで引きこもっていましたが、母の説得でとうとう心療内科にいき、広汎性発達障害と診断されました。

　カウンセリングの中で、ユミが考えていることがわかってきました。

　医者からは、「ユミがもともと1番でなくては気がすまないという特徴を持っており、そのために猛烈な努力ができる子どもだったこと」「レベルが高い生徒ばかりが集まっている高校では、1番という成績を取れなかったこと」「それまで挫折した経験が少ないので、1番から脱落したことでそれに耐えられないでいること」などが親に伝えられました。

　それから2年間の治療を受けています。ユミはいまだに家に引きこもったままで、ときどき親へ暴力をふるいます。

[コマ1] あなたがいい成績をとってくれるとお母さんもとってもうれしいわ！　100点

❶ユミは小学生の時から成績優秀で親や先生のいうことをよく守る子どもだった。

[コマ2] おなかが痛いから今日学校休む

❷レベルの高い進学校に入学したが、間もなく腹痛や頭痛を理由に学校を休むようになる。

[コマ3] うるさい！

❸親に暴力をふるうようになり、学校も休みつづけ、家に引きこもってしまう。

[コマ4] お嬢さんは広汎性発達障害です

❹心療内科で広汎性発達障害と診断される。

ユミが考えていること

①自分はトップだと親も喜ぶ。そのために寝る間を惜しんで努力してきた。
②しかし、高校に入って、ろくに努力をしない級友が自分より優秀な成績をとっているので、努力しようという気持ちが折れた。
③勉強をしようとして焦るが、勉強が手につかない。
④このままだと留年などが予測され、どうしたらいいかわからず、怖くて不安だらけだ。

　トップを取り続けることは精神的に緊張を強いられることです。しかしそれが続かなくなり、ユミの現状を認められない親の言動で暴力が起こっています。まずは、心療内科を受診して不安を和らげることをお願いしました。家では、再登校を促したりせず、一番でないありのままのユミを認めた対応をする必要があります。

4 ユウタさんのケース 18歳・男性
小さい頃からひたすら怒られてばかりで、非行に走った

　ユウタは保育園のときからいたずらばかりしていました。それで園長から「お母さん、ユウタくんの行動はあまりにもひどいので、もう面倒みられません。園をやめてください」といわれていました。親がなんとかお願いして、小学校入学までおいてもらいました。

　小学校入学後も同様で、授業がはじまると逃げていってしまいます。ユウタのクラスにはもう一人元気な子がいて、いっしょに逃げていきます。学校の近所の家のガラス窓を割ったり、花壇を掘り返したり、犬をいじめたりしました。そのたびに、親が学校や被害宅に謝りにいきました。授業中、勉強をしないので、成績も悪く、学年が進むにつれて余計に授業理解がむずかしくなっていきました。

　中学入学後も、激しいいたずらが続きやはり親は謝りっぱなしでした。家でも弟を殴ったりしたので、親にもよく怒られました。2年生になり、非行傾向のある男子生徒と同じクラスになると、その子といっしょに行動するようになり、夜遊びに出かけるようになっていきました。3年生になると、仲間といっしょに、盗んだ自転車で夜遊びをして、中学校の窓ガラスをすべて割るという事件を起こし、補導されたのです。その後、高校には進学しましたが、登校はしませんでした。非行仲間と盗んだ自動車を運転しているところを見つかり補導されたのです。

　いま、鑑別所に入っており、審判がくだされるのを待っています。

　カウンセラーからは次のようなことから、ユウタは非行に走ったのではないかといわれています。

　①ユウタは学校でも家でも怒られてばかりで自己評価が低い。
　②ユウタには反省する力が欠けている。
　③劣等感を感じずに安心していられるのは非行仲間のところだけだったのではないか。

もう
ユウタくんの
めんどうは
みられません。
園をやめてください

❶ユウタは幼稚園のときから、いたずらばかりしていた。

お前のようなやつは
生まれてこないほうが
よかった

❷小学校に入ると、ますますいたずらがふえ、親はたえず周囲に謝っていた。

❸高校に進むと非行仲間に加わり、事件を起こして補導される。

　悪いことをするから怒られるのですが、怒られることによって、「自分はダメ」とか「自分は認めてもらえない」と自己評価が低くなり、普通に努力する気力を失うことが多いようです。そんな子は非行に走りがちです。子どもはどこかよい点があるものです。よいところをほめて、親の愛情を伝えます。

発達障害の診断について

●診断の手順

　発達障害の確定診断を得るには、通院して検査を受け、医師から診断書を発行してもらう必要があります。受診してすぐに診断書を書いてもらえるわけではありません。

　1）初診で病院に行く際は「年金保険料」をちゃんと納付しているかどうかを確かめます。もし未納のまま初診にかかると、のちに障害年金の申請ができないこともあります。

　2）年金保険料が納付されていたら、病院に電話をして予約をとります。なかには予約をとらなくてもよい病院もありますので確認のため電話をしてみましょう。

　3）確定診断を得るためには何回も通院する必要があります。心理士とおこなう検査、面談、医師との診察など、場合によってはCTやMRなどの画像検査を受けることもあります。

　4）心理士がおこなう主な検査
- CES-D（うつ病自己評価尺度）やPF-スタディ（欲求不満時の投撮検査）などの心理検査
- エゴグラム（自我の状態を5つに分ける検査）やMMPI（人格を10の尺度で捉える検査）などの性格検査
- 田中ビネー（IQ値を測る検査）やWAIS（3つのIQ値を測る）などの知能検査

1回で数時間かかる検査もあります。検査結果は心理士がまとめて、医師が参考にします。

　5）医師の診察では本人からの聞き取りや、家族からの聞き取りがあります。発達障害は先天性の障害なので、「言葉の遅れなどはなかったか」とか「ごっこ遊びなど他人と情緒的なかかわりがあったか」など、幼少期の様子を聞かれます。

　話すのが苦手であれば、受診前にノートに相談ごとや幼少期の出来事などをまとめておくとよいでしょう。母子手帳や小学校時代の通信簿など、客観的な情報を知ることのできる資料を用意しておくとよいです。長時間聞き取りをおこなうことができない分、事前に意見や要望、現在の状況などを書いて手渡す工夫も必要です。

　6）病院の予約状況にもよりますが、1～2週間に1回の割合で通院することになり、確定診断が出るまでに6～8週間、数カ月かかることもあります。

●通院の際に知っておくこと

　発達障害についてくわしい医師と、あまりくわしくない医師がいます。精神科や心療内科といっても「睡眠」や「認知症」などさらに細かく専門分野がありますので、医師によってはほかの病院へ紹介することになります。

　専門外の病院だと、心理士がいなかったり、検査をするための器具がない場合もあります。予約をする際、発達障害の確定診断が可能かどうか問い合わせます。

【野村記】

第3章

うまく適応している発達障害者

3つのケース

子どもの頃から発達障害の症状があり、
さまざまな問題を抱えながらも成長して、
社会で適応している人はどんなふうに
問題を解決していったのでしょうか。
発達障害を抱えながらも適応して
生活している方の事例を紹介します。

オサムさんのケース 40歳・男性

1 高機能自閉症と診断されたが、問題を抱えつつも勤務を続けている

　オサムは、呼びかけても振り向かない子どもで、3歳になっても意味のある言葉は出ませんでした。遊ぶ様子から、知的な遅れはないことが推測できました。小学校入学の頃には、知的な理解も増えたので、難なく通常の小学校に行きました。しかし、他人がオサムにイヤなことをしても「イヤ」とはいえず、いっしょになって遊ぶ友だちはできませんでした。

　一方では、オサムは5人兄弟のまん中でしたので、家の中で一人きりになることはありませんでした。これは母親が「オサムをいっぱいの家族の中で育てたい」という思いから、母親が兄弟をたくさん産んだからです。5人の子どもたちは、長兄を中心に、家事を分担して母親を手助けしました。もちろん、オサムもいっしょに割り当てられて家事を担当しました。風呂そうじ、ご飯の支度、玄関のそうじ、トイレそうじなどです。最初は兄弟の助けがありましたが、次第に一人で家事の役割を担えるようになっていきました。

　兄弟たちはみんな大学などへ進学しましたが、オサムも成績が悪くないので、地元の工業高校に進学し、卒業後、電力会社の保安を担当する会社に就職しました。オサムは現在も、地域の会社の電気の安全点検の仕事をしています。

　オサムの特徴は、いわれたことは確実におこなえること。しかし相手のいったことの裏の気持ちに気づくことができず、だまされやすかったり、からかわれやすいようです。対人関係は苦手なのですが、大家族の中で暮らしているせいか、あいさつやがまんすることなど、基本的な態度は身についています。

　入社後10年間は職場の人びとの無理解から、精神的なストレスが大きく、抑うつ状態になってしまったこともあります。その時、オサムは自分から心療内科に行き、薬をもらい治療をしていました。現在は、周囲がオサムのことを理解したためか、からかいも少なくなり、なんとか勤務を続けているようです。母親は「苦しいこともあるのかもしれないけど、それも今は自分でなんとかできるようだから、私は見ているだけなの」と話してくれました。

❶オサムは他人からイヤなことをされても「イヤ」といえず、遊ぶ友だちができなかった。

❷オサムは大家族の中で育った。家の中で一人きりになることはなかった。

父 43歳　母 41歳
兄 16歳　オサム 10歳　姉 13歳
妹 6歳　犬　ネコ　弟 8歳

そうそう

では、お先に失礼します

ハイ、おつかれさま

❸兄弟たちに助けられ、次第に家事を分担できるようになる。

❹大家族の中で育ったので、あいさつやがまんすることなど基本的なことは身についていた。

　思いやりのある家族に助けられ、家の中で役割を持ち、さまざまな経験をしてきたオサム。その中で、体の動かし方を身につけ、周囲のために働くこと、がまんする力を身につけてきたことが、今の仕事が続けられる力となっているようです。

タカシさんのケース 20歳・男性

2 乱暴者が塗装業に弟子入り。トラブルはあるが働き続けている

　タカシはADHD（注意欠陥多動性障害）という診断を受けていました。小学校でも中学校でも、授業中じっと椅子に座っていられず、学校中を徘徊して、先生方を困らせていました。級友に暴力をふるってケガをさせ、両親が謝りに行くこともたびたびありました。母親はそんなタカシを口うるさく怒り、父親は殴ったり蹴ったりしました。

　小学校時代、スポーツ少年団で野球をやっていたタカシは中学生になり、あこがれの野球部に入り、激しい練習にも耐えて、レギュラーとなりました。部活には遅刻せずまじめな練習ぶりでしたが、学校でのいたずらや乱暴は収まらず、相変わらず怒られてばかりいました。

　中1の時、両親はカウンセラーに相談しました。カウンセラーに「いたずらが収まらないなら、怒らないでほめるようにしましょう。ほめることによって、自分に自信がもてるようになります」といわれました。しかし、一朝一夕にはうまくいきません。カウンセラーとの定期的な面談で励まされて、2年してようやく「怒らずにほめる」ことができるようになりました。

　その後、本人の希望で高校進学はせず、親が知り合いの塗装業に頼んで弟子入りをすることができました。その親方は、もと非行少年でしたが、タカシの気持ちをよく理解し、しかし曲がったことをすると全身全霊でタカシを叱り、ときには殴ることもありました。

　最初の年は、月5万円ほどの給料でしたが、5年後の現在は、月に12万円くらい給料をもらっています。この5年間、夜遊びをして給料を全部使いはたしたり、暴力団まがいの仲間から借金をしたり、同僚をケガさせたりと問題は少なくありませんでした。親方とケンカをして「やめる」ということも何回かありました。そのたびに、両親がタカシのいい分を聞いてやり、最後には自分で決めて親方に謝って働き続ける、ということをくり返しました。

　最近は、ガールフレンドができて、貯金も考えるようになっています。両親はタカシがいつ「仕事をやめる」といい出すか心配していたのですが、「仕事をやめるとか、続けるとかを、タカシは自分で決められると信じなければ」と思うようになったということです。

怒らないでほめるようにしましょう。
子どもは自分に自信が持てるようになります

❶乱暴者のタカシを、母は口うるさく怒り、父は殴って叱った。

❷母親は「ほめるところなどないのに」と困った。

やめる！

やめたきゃとっととやめろ！

❸中学卒業後塗装業に弟子入り。親方はもと非行少年だったので、タカシの気持ちをよく理解。

❹たびたび親方とケンカしたが自分からすすんで謝り、働き続けている。

　乱暴者だったタカシですが、スポーツをする中で激しい練習に耐えた力は大きいでしょう。親が子をほめて認めることで、自信を持つことができます。塗装業の親方も、リーダーシップがあり、タカシを引っ張っていく力がある人のようです。それらの条件がそろったことで、タカシが仕事を続けられるのかもしれません。

3 カイさんのケース 20歳・男性
面接が苦手で就職に失敗。親が経営する事務所で働いている

　カイは、3歳のときに高機能自閉症と診断されています。言葉が出るのは遅く、3歳をすぎてからでした。知的には遅れはなく、おだやかでフレンドリーな性格なので、家族にも友だちからも愛されました。鉄道に強い関心を持ち、型番を覚えるなど、おどろくほどの記憶力を持っていました。

　小学校から通常の学校に通い、気の合う友だちが一人いて、いっしょに昆虫採集をしたり、電車を見に行ったり、ゲームに熱中するなどで遊びました。中学高校でも成績はよく、大学の工学部に進学し、コンピュータ分野を専攻しました。

　大学3年ころから就職活動を始めましたが、IT関係の会社を10社ほど受験して、どこも筆記試験では受かるものの、面接で落ちてしまいました。親はカイが面接で落ちる原因を「普通の質問には答えられるけど、ちょっとひねった質問に対して、答えがいまいちできないんだな」と分析しています。

　カイの父親はIT関係の会社に勤務していましたが、カイの就活の状況を聞き、退職して事務所を設立することにしました。カイは大学を卒業するまで、父親の事務所でアルバイトをしました。それはパソコンを使った作業だけでなく、事務所のそうじ、トイレそうじ、洗車などで、親のサポートもあり、なんとかこなしていました。

　大学卒業までに就職が決まらなかったので、そのまま父親の事務所に就職し、アルバイトからの延長で、パソコンのデータ打ち込み、ホームページ作り、簡単なソフト制作、事務所のそうじなどをしています。

　父親は「パソコンのスキルは、高い。でも、営業で仕事を取ってくる、顧客の話を聞きその意図を正しく推測してその要求に応える、値段を交渉するなどの仕事が苦手です。一般の会社では自立できないかもしれません。ぼくならば顧客の意図をわかりやすいように説明したり、わからないことを丁寧に説明してあげることができます。こんなサポートがある職場でないと無理」と考えています。

❶ 鉄道に強い関心を持ち、型番を覚えるなど、おどろくほどの記憶力を持っていた。

❷ 中学・高校でも成績はよく、大学は工学部に進み、コンピュータ分野を専攻。

（また面接で落ちちゃった）
（サポートのある職場でないとな……）
（このデータの打ち込みたのむ）

❸ IT関係の会社を10社ほど受験、どこも筆記試験は通ったが面接で落ちてしまった。

❹ 父はカイのために退職しIT関連の事務所を設立。カイはそこで働くことになった。

　社会での自立というと、親の力を借りずに一人で何もかもすること、たとえば会社に就職することを考えます。しかし子どもがそれだけの力を備えておらず、うまくいかないこともあります。子どもの足りない能力を親が肩代わりするのも自立と考えてよいのではないかと思います。カイのばあいは、親が起業して働く場を作りましたが、こんな「括弧つき自立」も自立と考えてよいのではないでしょうか。

公務員として勤務している明石徹之さんはどのように育てられたのか

　明石徹之さん（本名）は、現在神奈川県川崎市で市の職員として働いています。徹之さんが、公務員になれるまでにどのように育っていったのか興味深いことです。母親の洋子さんの講演を聞き、著書を読み、徹之さんが就労している秘密は、洋子さんの子育ての中にあると思いました。その子育ての一端を、洋子さんの著書から紹介しましょう。

❶ みんなと交われなかった徹之さんを、どのようにして仲間の輪に入れるようにしていったか

　徹之さんは、ほかの子どもにまじって遊ぶことがたいへん苦手でした。洋子さんはこれをなんとかしようとしました。
　徹之さんは、幼少期、地域訓練会に参加していました。そこでは月2回近くの保育園と交流保育をしていましたが、「徹之はみんなの中に入らず、園庭の隅っこに一人うずくまって、もくもくと地面に文字や記号を書いているだけ」で、「ほかの園児が近づいてくると、スルリと逃げてしまいます。追いかけ回されたりすると、混乱して泣いてしまいます」という状態でした。

洋子さんの工夫

　洋子さんは「徹之は最初から大きな集団では不安感を持つのではないか、まずは小さな集団からはじめてみよう」と思い、社宅の空き室を借りて「ミニ保育園」を作りました。そこに社宅の子どもたちが集まれるようにしたのです。
　その部屋には、徹之さんがこだわるような、カレンダーや本や紙や鉛筆などを置かないようにしました。洋子さんは、子どもたちと手をつないで「かごめかごめ」や「あぶくたった、にえたった」などで遊びました。たいがい徹之さんは、部屋の隅で自分だけの楽しみに没頭していましたが、少しでも興味を示したときには輪の中に入って遊びました。すると次第に弟や可愛い女の子と手をつないで輪の中に入れるようになりました。

❷ 問題行動と思われるこだわりを、どのように変えていったか

　洋子さんは徹之さんのできないところばかりに意識がいき、できないことを、できるようにしようと思ってがんばったのですが、とても骨の折れることで、「疲れて『まぁいいか、やめた！』と途中で投げ出してしまい、長続きしません」。
　それでかえって、「『徹之の困ったことを治す』より『よいところを伸ばす』方が簡単で、楽で楽し

いことがわかってきました」と気づいたのです。

こだわりが強い徹之さん

「数字や文字へのこだわりも強かったのですが、その他、とくに水、あとはトイレにこだわりました。……一番困ったのは『トイレ探検』です。徹之は、トイレに対して好奇心いっぱいで、よそのお宅に入り込んでは、トイレに直行し、中をのぞき、トイレの種類（洋式トイレか和式トイレかなど）を確認して、トイレの水を流してくるのです。……黙って玄関からヅカヅカと勝手に入り込んでは、家の人の注意も聞かず、一直線にトイレに向かい、しかも、トイレの水をジャアジャア出したり、物を投げ込んで詰まらせたり、迷惑千万な話です。……公園の公衆トイレから、一戸建ての家、アパート、マンション、病院、デパート、さらにはラブホテルまで」という状態でした。

トイレが好きでたまらなかった

洋子さんの発想転換

この水やトイレへのこだわりを「考えようによっては生活に必要なものばかりです。将来の自立にも欠かせないものです。私は『これを使わない手はない！』と思いました」と発想の転換をして、水仕事のスキルを徹之さんに教えていったのです。「トイレそうじから始まって、風呂そうじ、床みがき、窓ガラスみがき、炊事（食器洗い）、料理、洗濯と、『お手伝いしてね』『お母さん、助かるなぁ』とほめながら、つぎつぎに教えました」と発想を転換していきました。

水仕事のスキルを教えた

トイレそうじのしつけ

「トイレそうじを教えはじめたのは、トイレのしつけに苦労していた3歳の時です。……トイレそうじの手順は、①トイレ洗剤を3回振って出す、②トイレブラシでこする、③ハンドルを押して水を流す、④（私が固く絞った）雑巾で便器を拭く、⑤（これも私が絞った）雑巾でタイルの床を拭く、の順番です（当時は、④⑤はほとんどせず、③専門の『遊び』になっ

ていました）。小学校に入ってからは、ちゃんと『お手伝いをしている』ことを実感させるために、私がトイレの図を書いて、一つ一つの作業にマルをつけ、マルが5個になったら『おわり』というようにしました。形だけでもやればマルをつけ『よくできました』と花マルです。『えらいね、ママ助かるわ』と、とにかくいっぱいほめました」。

やっと仕事として任せられるほど完璧になったのは中学3年生になってからです。「定時制高校のときは、それがアルバイトになり、卒業後、川崎市の職員になって清掃局に働くようになってからは、トイレそうじが仕事の一つになり、完璧な仕事ぶりで、それでお給料をもらうようになりました」。

こだわりで叱られていた悪い行動を、社会的に認められるようなスキルとして身につけさせていったのです。

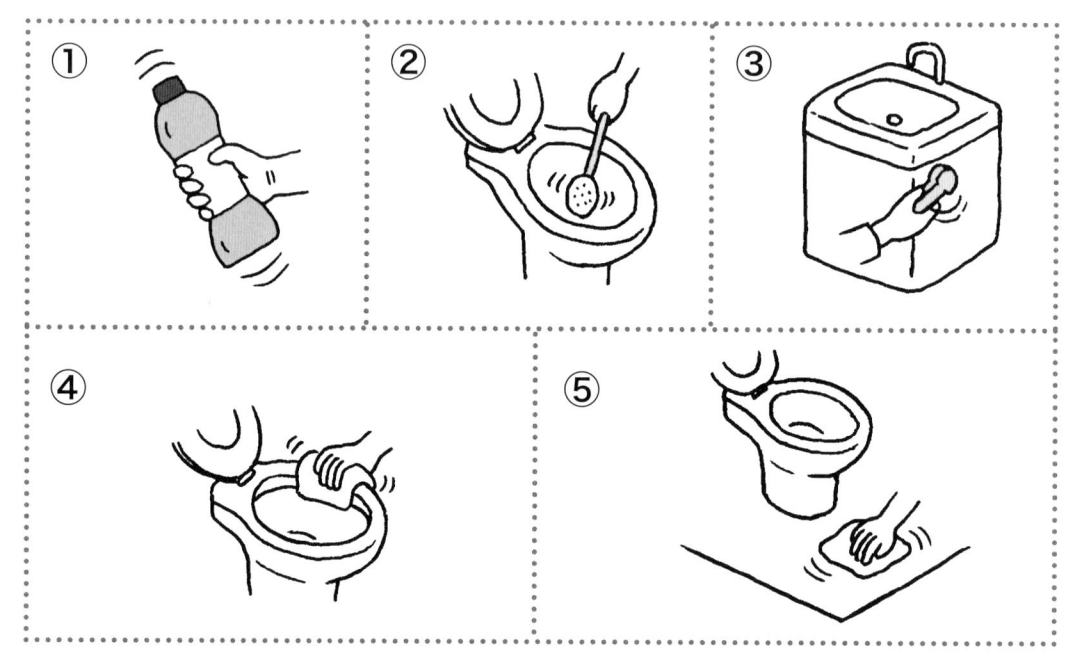

❸ お金の使い方や稼ぎ方、働く能力を身につけていった

今まで出会った発達障害者の中には、働く意欲が乏しく、お金をあまり使わず、お金を稼ぐ意欲もない青年が目立ちました。こうした青年の自立や就労はなかなか困難です。散財ばかりしては困りますが、お金を使うことは、生きる意欲にも通じます。

お金について学ぶ

「徹之は、3歳の頃から、目を離すとたちまち家から飛び出していって、近所のお店だけでなくお店に入り込んでは、お店のものを手あたり次第に取ったり、かじったり、食べたり、飲んだり、持ってきたりしていました」という困った状態でした①。

① お店の品物を食べてしまう

② お金を持たせて買い物

③ お金と交換することを学ぶ

④ 人のお金を平気で取ってしまう

⑤ この中に入れられちゃうのよ
刑務所を見せに行く

⑥ お金を取ってはいけません

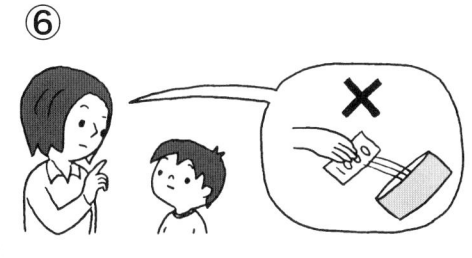

⑦ ぼくの髪の毛を切ってくれたからお金がもらえたんだね
お金と報酬の関係を学ぶ

⑧ まあ、きれいになったわ。それじゃあ、おこづかいね
お金を働いて稼ぐことを体験

洋子さんは、お店がすいているときに二人で出かけて、お金を持たせて買い物をさせました②。今までお菓子を取ると叱られていたのが、お金を払うと「ありがとうございます」と感謝されることで、お菓子は、持ってきてはいけない、お菓子はお金と交換で入手できるものであることを理解させました③。

　ところがお店で物を取らなくなったかわりに、家族の財布や友だちの家、学校でお金を平気で取るようになってしまいました。徹之さんとしては、お金の入手の方法を学んでないので、まったく悪気はありません④。洋子さんは徹之さんに「お金を取るのはどろぼう。どろぼうは刑務所。刑務所に入るとママに会えない。てっちゃんの好きなトイレ探検もできない」と説明し、刑務所を見せにつれて行きました⑤。お金を取ることはいけないということをくり返し学ばせ、教えたのです⑥。

　つぎに洋子さんは「お金は、働いた報酬としてもらえる」ことを教えようとしました⑦。「その頃私は、将来自立するためには必要な家事はできるようにさせようと、徹之に、トイレそうじや風呂そうじ、床の拭きそうじ、ガラスみがき、お菓子作り、食事の簡単な準備と後片づけなどの『お手伝い』をさせていました。それらのお金をつけようと考えたのです」。洋子さんは徹之さんにお金は働いて稼ぐことを教えていきました⑧。

4 将来の自立のために子どもの時からしておきたいこと

　洋子さんは就労や自立について、つぎのように書いています。

　「徹之が障害児と宣告された当時は、将来、この子が働くなどあり得ない、働かせるなんてかわいそうと思っていました。そして、どこかでのんびり暮らせる場をつくって、保護してあげなくてはと考えていたのです。でも、いっしょに暮らすうちに、地域の中であたりまえの生活をできるようにさせてあげたいと願うようになりました。……でも、学校を卒業する18歳になって、『さぁ、つぎは働くんだよ』と、急にいわれても、本人はとまどうばかりでしょう。ですから、大人になったら『働く』とか『社会に出る』ということを、家庭や学校の中で常日頃より意識して、本人の気持ちが『働きたい』と思う方向に向かうように教えていく必要があると思います」。

　ご紹介したのは洋子さんの長い子育てのほんの一部にしかすぎません。洋子さんの著書は韓国語や中国語に翻訳されていますし、韓国や中国で講演もされています。ぜひ、3冊の本を読んでください。

＊「　」は以下の著書からの引用。
■参考文献
『ありのままの子育て　自閉症の息子と共に①』(明石洋子、ぶどう社、2002)
『自立への子育て　自閉症の息子と共に②』(明石洋子、ぶどう社、2003)
『お仕事がんばります　自閉症の息子と共に③』(明石洋子、ぶどう社、2005)

第4章

二次障害を引き起こさないために

4つのケース

発達障害児たちは、いじめに遭ったり
虐待されたりすることで、
心に深刻な傷を刻んでしまいます。
虐待ではなくてもふだんから強く怒られることが、
その子どもにとって
大きなショックとなってしまい、
社会生活を送ることが困難になることもあります。

1 二次障害とは何か

　発達障害のある子は、学校で叱られたり、無視されたり、いじめられることが多いのです。相手の気持ちを推し量ったりすることが苦手だったり、思ったことが言葉に出なかったり、少しの刺激で興奮して暴力的になったり、行動が極端に不器用だったり、すぐに調子に乗ってふざけたりしがちだからです。忘れ物が多いのも先生から叱られる理由の一つです。

　先生からはつぎのようにいわれます。

　「なぜちゃんとできないの！」

　「すぐに暴力的になる悪い子！」

　「ふざけてばかり！」

　「やればできる力があるのに、なまけている！」

　「何度いったらわかるの！」

　「あなたは相手の気持ちがわからないの！」などなど。

　毎日このような言葉で叱られたら、子どもの自己評価はどんどん下がるばかりです。クラスではいじめの対象になりやすくなります。

　家庭では、親が発達障害の特性を理解していないと、親は気持ちを逆なでされるように思えてきます。親の生活が乱され、子どもを可愛がるという精神的な余裕がなくなり、虐待やネグレクト（育児放棄）などが起きることも少なくないようです。

　また、発達障害には、"相手の言葉を字面通りに受け取り、言葉の裏にある気持ちを想像することが苦手"という特性があります。たとえば、「ダメな子だね」「もう知りません」「みんなが困っているでしょう」などの言葉の裏には「これからは気をつけて……」という気持ちがありますが、言葉通りに受け止めて深く傷つくことが珍しくありません。

　このようなことがつづくと、「自分はダメな人間だ」「どうせやってもできないに決まっている」と考えるようになり、学習意欲も下がり、授業の理解も困難になり、学校に行くことも苦しくなり、不登校になったり、非行に走ったりします。大きな心理的ストレスとなり、思春期以降に精神症状として現れることもあります。これが二次障害です。

- なぜちゃんとできないの！（先生）
- なんどいったらわかるんだ（先生）
- やればできる。なまけない（先生）

- もう、あそばない
- いつも怒られてやがる

- ダメな子だ（親）

→ 自分はダメな人間だ

二次

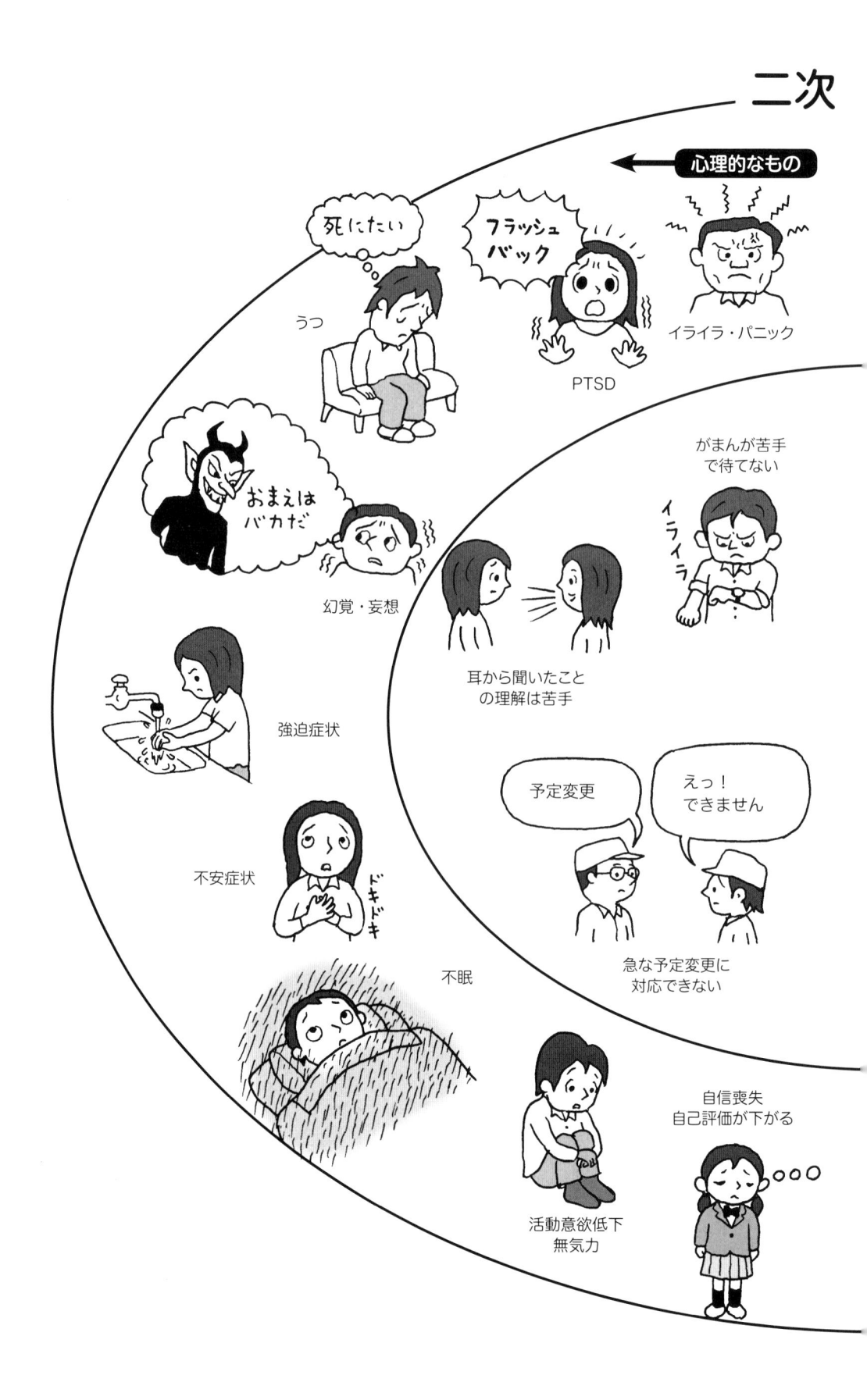

← 心理的なもの

- うつ（死にたい）
- PTSD（フラッシュバック）
- イライラ・パニック
- 幻覚・妄想（おまえはバカだ）
- 強迫症状
- 不安症状（ドキドキ）
- 不眠
- がまんが苦手で待てない（イライラ）
- 耳から聞いたことの理解は苦手
- 急な予定変更に対応できない（予定変更 / えっ！できません）
- 活動意欲低下 無気力
- 自信喪失 自己評価が下がる

障害

社会的なもの →

ひきこもり
不登校

学業不振
成績低下

人の中に入る
のは苦手

非行

席にじっとし
ていられない

暴力

これは本当のこと
なのになぜいって
はいけないの？

相手の気持ちを想像
するのが苦手

薬物依存

摂食障害

何をやっても
私はダメ

2 リカさんのケース 中学2年生・女子
過去のいじめを思い出して苦しむ

　リカは脳性麻痺で足が不自由でした。歩き方がおかしいなどと、幼い頃からからかわれていました。負けず嫌いなリカは、そのたびにムキになって反撃をしますが、子どもたちにはその怒り方がおもしろいらしく、ますますからかいがひどくなりました。先生にいいつけても、陰でからかうので、からかいをやめることができませんでした。

　中学生になり、リカは「いじめられる」とたびたび担任の先生に訴えましたが、からかいやいじめはやみませんでした。

　中学2年になったリカはクラスに行くのが苦痛になり、相談室登校をしたり欠席したりすることが増えました。担任はスクールカウンセラーに相談し、スクールカウンセラーは、1週間に1回ずつ、ていねいにリカの訴えを聞きました。リカは「担任の先生は、私がいじめられてるのをわかってくれない」と、訴えました。丹念に話を聞いてみると、いじめられたという訴えは現在のことではなく、小学校時代のことであることがわかりました。

　リカは、いじめられたことを思い出すと、過去と現在との区別がつかなくなり、苦しくなるのです。これは深刻なフラッシュバックで、このことが原因で、登校できなくなったのです。

❶脳性麻痺で足が不自由なリカは、幼い頃からからかわれ続け、それに反撃していた。

❷中学生になり、「いじめられる」とたびたび担任の先生に訴えたが……。

先生　みんなが私をいじめるんです

調べてみたけどそんな人はいなかったよ

3 | ナナさんのケース 35歳・女性
道路で大声を出して泣き崩れる

　ナナは理数系に強く、希望の大学に進学しました。大学も無事卒業し、情報関係の有名企業に就職することができました。

　会社に勤務して3年目に、営業の関連の部署に廻されました。これまで順調に仕事をこなしていましたので、新しい部署でも、実力を出したいと張り切っていました。

　新しい部署で仕事を始めて1週間後、得意先A社から呼び出しがきました。A社の課長は、「昨日届いた部品が注文したものと違う。おかげで取引先に迷惑をかけた。どうしてくれるんだ」といきなりナナを叱責したのです。担当したのは、前任者だったので、「その部品については、私はわかりませんので調べてみます」とだけ答えました。

　課長はナナがすぐに謝らなかったことに腹を立て、「どうして謝らないんだ。わが社は大損をしたんだぞ。迷惑をかけたのに」と、さらに怒りをぶつけて、ナナの肩を押したのです。それまでナナは、「自分は悪くないのに、どうしてそんなに怒るんだ」といいたいのをがまんしていたのですが、ここでがまんしきれなくなり、「私はそんなことは知りません。前任者のやったことです。私を責めないでください」と大声でいい返して、その場から逃げ帰ってきてしまったのです。

　自分の会社に戻ったナナに、今度は上司が怒鳴りました。A社の課長が、電話で非常識な社員だと抗議してきたためです。ナナは上司に「自分の責任ではないことなので調べてみます、といったので、間違っていない対応だったと思います」と大声で泣きながら弁解しました。

　ナナは1週間の自宅謹慎を命じられました。その間、ナナはA社の課長とのやりとりや、会社の上司とのやりとりを思い出して、大声で泣くようになりました。

　親に精神科に連れていかれました。すぐに大声で泣き崩れるナナの態度を見て、医者は「心身消耗のため3カ月間の休職を要する」という診断書を出し、ナナはしばらく家で過ごしました。

　3カ月後、精神状態が落ちついてきたので出社したいと会社に告げると、上司は「給料は支払うから、もう少し自宅療養するように」といわれました。しかしナナはもう働けるようになったからと、出社しました。するともうナナの机はなく、上司から退職をするようにいわれたのです。驚いたナナは、ふたたび大声で泣き出してしまいました。

上司は「ほら、こんな態度では働けないだろう。気の毒だがやめていただく」というのです。ナナは上司の体をつかんで揺すり、泣き崩れ錯乱状態になり、健康管理室に連れていかれました。上司はすぐに、親に連絡してナナを連れて帰らせ、親はしかたなく、ナナを退職させました。

それからナナは10年以上家にいます。ときどき会社での"理不尽な"やりとりの場面がフラッシュバックしてきます。そのたびに、道路だろうと、ショッピングセンターだろうとかまわず、膝を崩して倒れながら大声を出して泣くという状態をくり返しています。

❶ナナは理数系に強く、大学卒業後も情報関係の有名企業に就職。

❷前任者のミスのため取引先の課長に叱られたが「自分の責任ではない」と謝らなかった。

❸ナナはその態度を上司にも激しく責められ、自宅謹慎を命じられた。そしてまもなく退職。

❹10年たった今も、あのときの"理不尽な"場面がフラッシュバックして、ところかまわず倒れ込んで泣いた。

4 ノリオさんのケース 28歳・男性
自分で自分を激しく怒鳴る

　ノリオは幼少期から、相手の気持ちを推し量ることが苦手な子どもだったようです。親のいうことはほとんど聞かず、スーパーマーケットに買い物に行くと、1人で興味のある売り場に行ってしまいます。売り場に飽きると、駐車場に出てしまい、気ままに動き回るので、よくケガをしていました。自宅を逃げ出し、交通事故に巻き込まれたこともあります。

　小学校では授業に飽きると勝手に教室から出て行ってしまい、クラスメートからは、「フータロウ」と呼ばれ、バカにされたり、からかわれたりの毎日でした。中1から不登校になりながら、なんとか普通高校に進学しました。成績は悪くないので、大学にも進学しましたが、むかしのことを思い出して、大声で叫ぶので、授業にも出られず、とうとう大学を中退して、家にいます。

　ノリオは、ふとしたきっかけで自分の失敗や、不登校していたこと、傷つけられたことなどを思い出し、そのたびに、道路やスーパーの床に倒れてわれを忘れて大声で叫びます。叫ぶ言葉はたいてい自分が怒られた内容です。「大学生ならこんなことぐらいできるだろう！」とか「自分はダメだ」などと叫び、顔を床に打ち付けます。そんな場面に遭遇した人は、ノリオの様子に驚き、怖がって逃げていきます。25歳になった時、ノリオは働いて自立したいと考え、コンビニのアルバイトに挑戦しました。しかし、勤務中、フラッシュバックが起こり、床に倒れて大声で叫んだので、それから「来ないでほしい」といわれ、そのことも苦しい思い出となっています。

❶授業に飽きると勝手に教室から出ていった。

❷過去の失敗を思い出して頭を壁に打ち付けた。

杉山登志郎氏のタイムスリップ理論と虐待

　自閉症スペクトラムの人びとの中には、過去にあった経験（虐待、いじめ、叱責など）を思い出し、その不快な経験が今起こっているかのようにふるまう現象がよくあります。たとえば、過去のいじめを今いじめられているように報告したり、昔のことで仕返しをしたり、虐待されたときのセリフを突然叫び出したり、過去の失敗を理由に自分を壁に打ち付けたり叩いたりする行動をします。突然過去に戻ったようにふるまう現象を、高機能自閉症やアスペルガー症候群の専門医である杉山登志郎氏は「タイムスリップ現象」と命名しています。

　また、自閉症スペクトラムの人に限らず、「虐待が脳にダメージを与え、後遺症として発達障害によく似た症状が起きてくる」とも述べています。

　「タイムスリップは、自閉症スペクトラム障害に普遍的に見られる現象であり、とくに知的な遅れのない自閉症スペクトラムの青年の中には、たえず過去のフラッシュバック現象が意識に割り込み、現在と過去とのモザイク体験を持つものが存在する」と書いています。

　いじめのトラウマについては、「自閉症スペクトラムの児童、青年は激しいいじめを学校で受けることがいまだに多い。その時点ではけろっとして反応が乏しいにもかかわらず、現実にはいじめが収束したはるかあとに、強烈なフラッシュバックが連続し、その後の対人関係を著しくゆがめてしまう」とも述べています。

　いじめによるトラウマの症例に対しては、「このグループに従来の分析的なカウンセリングを行なってもあまり効果はない」として、杉山先生は抗うつ剤の投与と、EMDR*を勧めています。

---

*EMDR：Eye Movement Desensitization and Reprocessing（眼球運動による脱感作と再処理）。左右の眼球運動をおこないながらトラウマの治療をおこないます。有効性の高い治療方法とされ、PTSD、トラウマの治療方法として注目されています。

■参考文献
『発達障害のいま』（杉山登志郎、講談社現代新書、2011年）
「発達障害と虐待はトラウマ（心的外傷）でつながっている」（杉山登志郎、月刊地域保健、2012年2月、p.42〜45）

第5章

社会に出ても困らない子育て法

発達障害は親の育て方が原因ではありません。
しかし、親の育て方で、子どもたちの生きていく
スキルに大きな違いがでてきます。
社会で自立するため、少しでも快適に生きられるように、
子育ての秘訣をマスターしましょう。

1 子どもをそのまま受容する

❶ 親の理想や期待を押し付けない

　発達障害児のケースでなくてもいえることですが、親の理想、希望を子どもに押しつけたり、兄弟と比べたりしないことが大切です。親はいじわるではなく、無意識にいうのですが、いわれた子どもはたいへん傷つき、いつまでも心に残っていて、劣等感や親への反発につながります。また二次障害（48ページ参照）につながることもありますので、注意が必要です。

　いってはいけないセリフは下のイラストのようなものです。

　このような言葉を浴びせられると、努力はしても、現実には親の期待通りにいかないので「自分はダメだ」と思ってしまいます。これがくり返されると、自己評価が低い子どもになります。自己評価が低くなると委縮して、持っている能力も十分に出せなくなります。

- 兄も姉も○○高校だからあなたもね
- お父さんが医者だからあなたもお医者さんがいいね
- うちの子なのにどうしてあなたはこうなの？
- せめて○○高校には行ってね
- やればできるでしょ。もっとがんばってよ
- これくらいのテストなら80点はとれるはずよ

子どもいしゅく

❷ 否定的な言葉を使わない

　否定的な言葉は、子どもの心を暗くして、「つぎはあれをしたい！」というやる気を失わせます。これらがつづくと、うつ状態などになることもあります。
　いってはいけない否定的な言葉はつぎのようなものです。
　子どもを追い詰めるのは、子どもを否定する言葉だけではなく、態度にも注意しなければいけません。よい成績のときはほめて、悪い成績のときは冷淡な対応になるなどの態度だと、親が「よい成績を取る自分は価値があるが、悪い成績を取る自分は価値が低い」という価値観を感じ取ってしまうこともあります。

- 何度いったらわかるの
- あなたがやるとすぐこうなってしまう
- どうせあなたのことだから期待していないよ
- またなの！
- お願いだからお母さんを苦しませないで
- もう問題起こさないでよ
- あなたのせいでお父さんとケンカしてしまったのよ

2 受容できる親になる会話の練習

❶オウム返しをして、子どもの言葉を聞いていく

　子どもが「お母さん（お父さん）は、私のことをわかってくれる」と感じるようになる会話の練習をしましょう。

　二人組になり（一人は子ども役、もう一人は親役）、❶❷❸を参考に会話の受け答えをします。子どもが親に話しかけてきたり、相談をしてきたらの練習です。

　子どもが「お母さん、○○したい」といったら、「そうなの、○○したいのね」と、まずは子どもの発言をくり返して答えましょう。

　それが、実現不可能のこととわかりきっていても、否定せずにオウム返ししましょう。

子どもの言葉	オウム返しの言葉の例
ぼく、それするのいやだよ ➡	それをするのがいやなのね
今日も本を買ってほしい ➡	今日も本を買ってほしいのね
弟が生意気だから殴った ➡	生意気だから殴ったのね
今日は保育園に行きたくない ➡	園に行きたくないのね
お腹がすいた。お菓子くれよ ➡	お腹がすいたので、お菓子を食べたいのね
妹が悪いからおもちゃを壊した ➡	妹が悪いから壊したのね

　子ども：「今日も本を買ってほしい」
　親：「今日も本を買ってほしいのね」

❷ 子どもに、どうしてそれをしたいのか、気持ちを聞いていく

つぎは、「○○したいのはどうして?」と子どもの気持ちを聞いていきます。このときも、二人組になって、子どものいった言葉を使って、オウム返しで答えて会話をつづけてみましょう。

●オウム返しをしながらどうしたらよいのか聞いていく

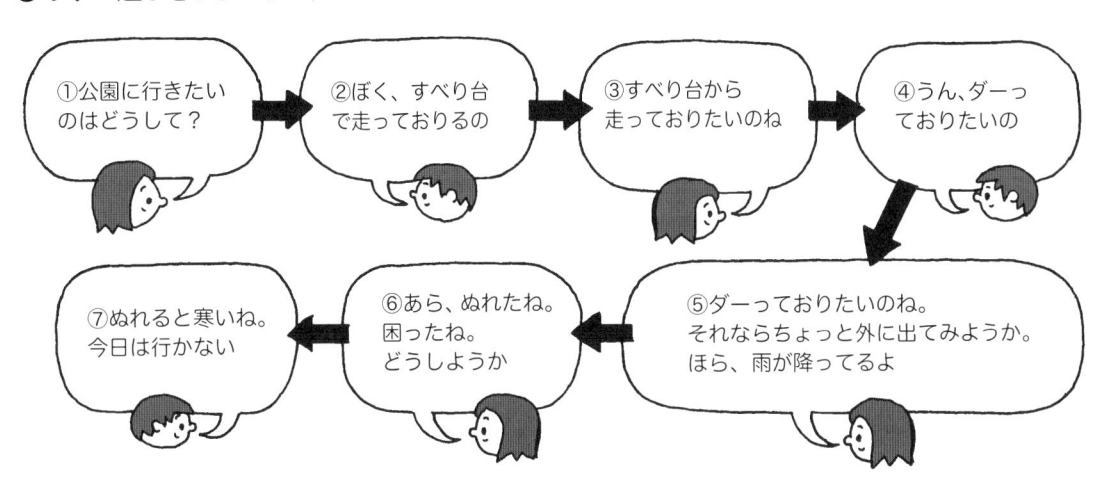

①公園に行きたいのはどうして?
→ ②ぼく、すべり台で走っておりるの
→ ③すべり台から走っておりたいのね
→ ④うん、ダーっておりたいの
→ ⑤ダーっておりたいのね。それならちょっと外に出てみようか。ほら、雨が降ってるよ
→ ⑥あら、ぬれたね。困ったね。どうしようか
→ ⑦ぬれると寒いね。今日は行かない

❸ 子どもの話にすぐに結論を出さないようにして話を聞く

そのとき、❶や❷でおこなった、「オウム返し」や「気持ちを聞く」を用いながら話をつづけていきます。

❷の例でもわかるように、親が「今日は雨だから、公園は行くのやめようか」などと親が結論を出すのはやめましょう。

●オウム返しに聞くだけで親が結論を出さない

①学校に行きたくない
→ ②学校に行きたくないのね
→ ③うん、行きたくない

● 最後に気持ちを聞いていく

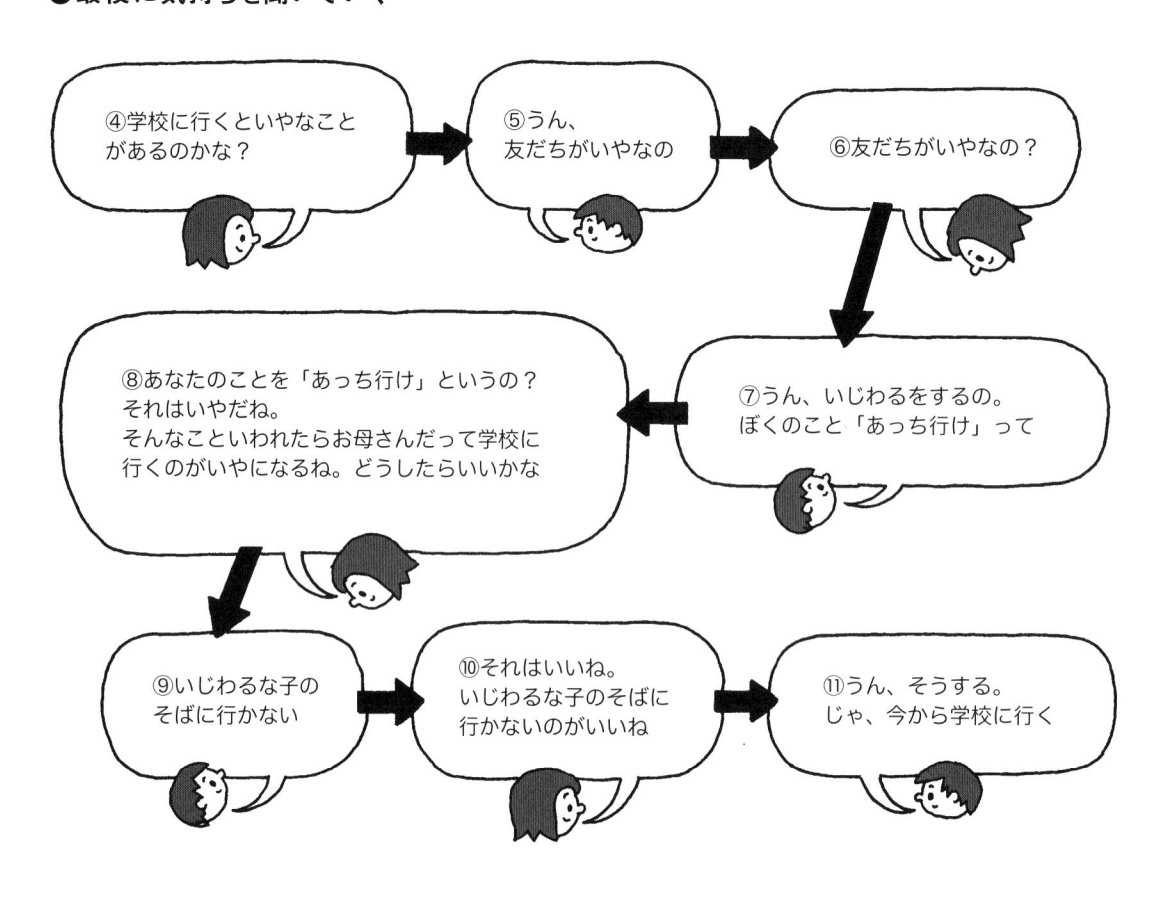

④学校に行くといやなことがあるのかな？ → ⑤うん、友だちがいやなの → ⑥友だちがいやなの？ → ⑦うん、いじわるをするの。ぼくのこと「あっち行け」って → ⑧あなたのことを「あっち行け」というの？それはいやだね。そんなこといわれたらお母さんだって学校に行くのがいやになるね。どうしたらいいかな → ⑨いじわるな子のそばに行かない → ⑩それはいいね。いじわるな子のそばに行かないのがいいね → ⑪うん、そうする。じゃ、今から学校に行く

　「学校に行きたくない」などと子どもからいわれると、親はあせって「ずる休みはダメよ」とか「それなら今日は休んでいいよ」とか結論を出したりすることがあります。
　これだと、子どもの言葉の裏にある気持ちを語らせることができず、親も子どもの本当の気持ちを理解することができません。
　オウム返しをしたりして、子どもが自分の気持ちを話す機会を作ると、自分で解決法を見つけることもあります。解決法が見つからなくても「お母さんが、自分のことをわかってくれる」ように感じ、「困ったときはお母さんに話を聞いてもらおう」という気持ちになります。
　また、話を聞いていくと、子どもの気持ちや状況がわかってきます。その結果、子どもが深刻ないじめにあっていたり、傷ついていることがわかったら、むりに学校に行かせず、学校などに相談するという方法を取ることも必要です。

3 　自主性を尊重しすぎない

　頭ごなしに怒ったり、体罰を加えることはもってのほかですが、子どもによっては自主性を尊重しすぎることも問題になることがあります。自主性を尊重しすぎて育てるということは、つぎのようなことです。

●自主性を尊重しすぎる子育て

・好きなことばかりさせ、手伝いなど、いやがることはさせない。
・嫌いな食べ物は出さず、好きな食べ物だけを食べさせる。
・外出を嫌うので、めったに外に連れ出さない。
・家族や親せきにあいさつができなくてもむりにさせない。
・生活リズムが乱れていても干渉しない。
・起こしても朝起きないので、遅刻をしても放っておく。
・周囲の大人や友だちに、失礼な言動をしても、きびしく叱らないで、「今に自分で気づくから」と寛容な態度でいる。

●自主性を尊重しすぎる弊害

・勝手気ままな生活リズムで生活し、昼夜逆転の生活になる。親が注意しても聞く耳を持たず、その結果、就学や就業に困難をきたすことがある。
・自分の決まりやこだわりを守れないと、怒ったりパニックを起こしたりする。
・社会での体験が少なく、常識を知らずに育つので、ときに周囲が驚くような思考や行動をする（たとえば、ゲームやパソコンなどバーチャルな世界での体験は多いが、実生活での体験が少ないため、乏しい経験と知識で思考するので、偏った考え方をするなど）。
・人とのつき合い方を知らずに育つため、周囲に合わせたり、相手を思いやることができにくくなる。他人の都合や立場を理解できずわがままや自分勝手な行動をとる。
・家のお手伝いをしない子どものばあい、親が自分のために働くことを当然と思う。働くことの苦労もわからないし、生きる力も少なく、感謝の気持ちも持てない。

通常、子どもを育てるには、自主性を尊重することや、子どもがやる気になるまで待つことは大切なことです。でも、それも子どもによります。とくに自閉度が高いばあいや行動のルールがわかっていない子どものばあい、大人が指示せずにすべて「子どものやる気がおきる」のを「待つ」という子育てでは、つぎのような問題が生まれてしまうことがあります。

　間違った自主性の尊重で発達障害の症状が出るようになるわけではありませんし、これは発達障害がない人にもあてはまることがあります。しかし、発達障害を持つ人のばあい、保護者が配慮しないで「自主性を尊重し、本人の意思を大切にして待つ」という育て方をすると、ときにこのような状態になりがちです。いったんこの生活スタイルが身につくと、修正がむずかしく、就学や就業の際に大きな障害になります。

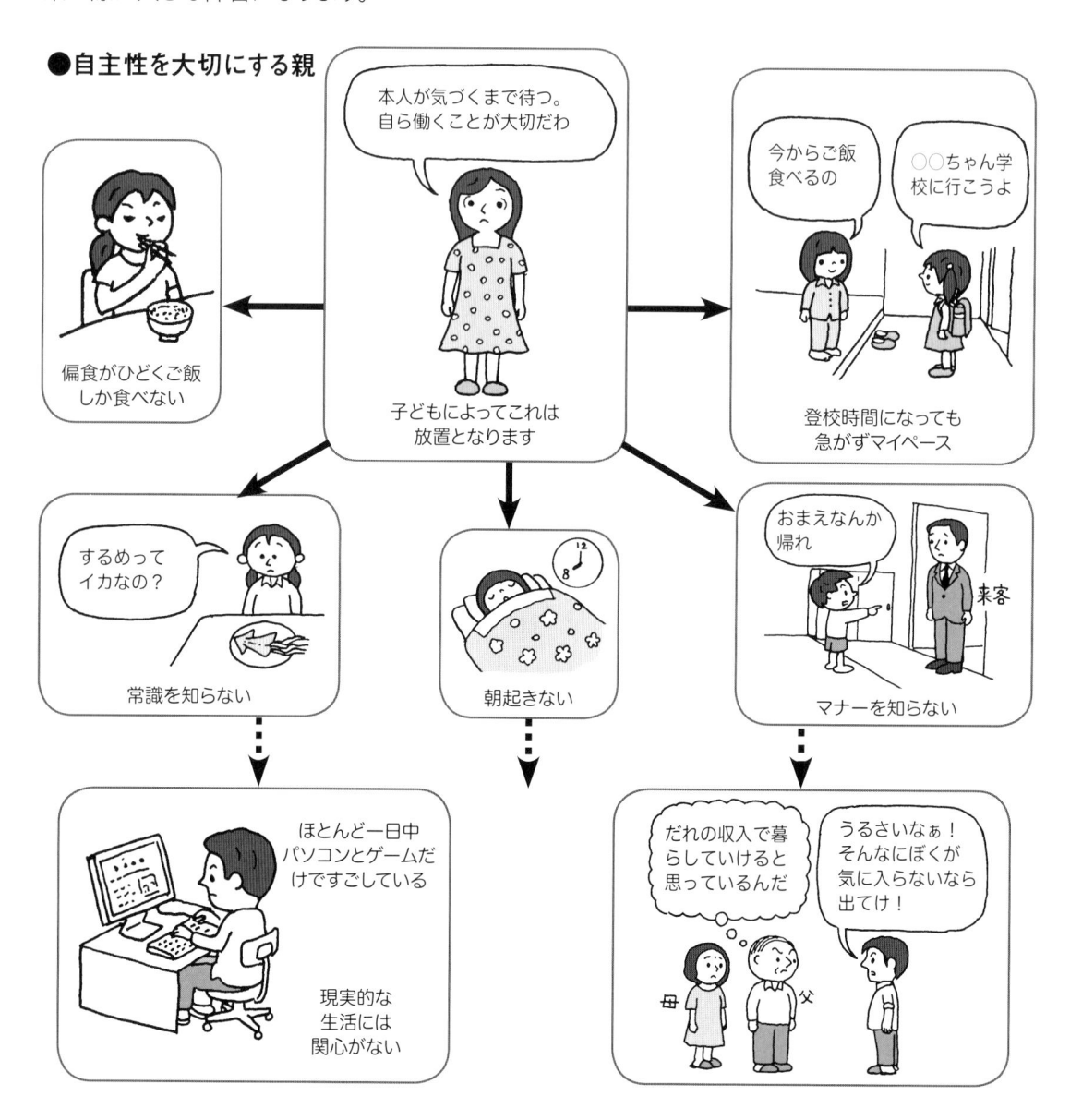

●**自主性を大切にする親**

本人が気づくまで待つ。
自ら働くことが大切だわ

子どもによってこれは放置となります

偏食がひどくご飯しか食べない

今からご飯食べるの
○○ちゃん学校に行こうよ
登校時間になっても急がずマイペース

するめってイカなの？
常識を知らない

朝起きない

おまえなんか帰れ
来客
マナーを知らない

ほとんど一日中パソコンとゲームだけですごしている
現実的な生活には関心がない

だれの収入で暮らしていけると思っているんだ
うるさいなぁ！そんなにぼくが気に入らないなら出てけ！
母　父

4 あいさつ言葉が自然に出てくるトレーニング

　発達障害の人の中には、どのように話しかけたらいいのかと悩み、結局あいさつができないことがあります。幼少期から、基本的なあいさつ言葉を使えるようにすることは大切なことです。
　以下の基本的なあいさつを身につけましょう。

場　面	あいさつ言葉
人に会ったとき	こんにちは
困ったとき	教えて下さい
別れるとき	さようなら
お礼をいうとき	ありがとう
朝起きた時	おはようございます
相手のいうことがわからないとき	わからないので、教えてください
夜寝る時	おやすみなさい
返事をどういったらいいかわからないとき	わかりません
迷惑をかけたとき	ごめんなさい
物を欲しいとき	ください

　あいさつ言葉を教えるのは、赤ちゃんの時からです。
　まだ、意味がわからなくても、朝起きたら抱っこして家族中に「おはようございます」といいながらあいさつをさせます。あいさつをされた家族は、「おはようございます」と返して、赤ちゃんを「えらいね」とほめます。
　「ありがとう」も同じです。ものを欲しがるときは、赤ちゃんの手を持って手のひらを上にして重ね合わせて「ください」と言葉を添えます。
　悪いことをしたときは、頭を下げさせて「ごめんなさい」といわせます。
　外出先では親が「こんにちは」といいながら、抱っこしたまま子どもの頭をコックリさせます。
　家族や周囲の人にあいさつができたことをほめてもらい、あいさつが自然と出てくるように身につけさせます。

家族に協力してもらいポーズだけでもできたらほめてもらう。
言葉もしゃべれるようになったら、もっとほめてもらう。
こうするとあいさつが好きになる

言葉がしゃべれないとき、
何かがほしいときはこの手の形で
言葉のかわりにする

言葉が少しだけしゃべれるように
なったら手の形とともに「ください」
といわせる

5 脳に回路を作るトレーニング

❶ 多くの経験をさせて、脳の神経回路を育てる

　ヒトの脳細胞は、生まれてからだんだん育っていきます。いろんなことを見たり、考えたり、行動したりすることで、脳の細胞と細胞のつながり、神経回路ができていきます。神経回路が伸びていくことで、暗記したり、判断したり、思うように体を動かすことができるようになります。これが脳が育つということです。

　発達障害の子どもは、不器用だったり、困ったときにどう対処したらいいかなどの対処能力が低かったり、見通しを持ちにくいという特性があるので、通常の発達をしている子どもより多くの経験をさせて、脳の神経回路を育てる必要があります。

　しかし人は、不器用で気が利かない子には用事を頼みません。私たちは無意識のうちに「むずかしい作業はあの子にはできない」「この作業はあの人に頼もう」と判断しています。要領のよい兄弟がいたら、そちらの兄弟に用事を頼んでしまいます。

　お手伝いをさせるとよいとわかっていても、お手伝いの手順を説明する手間を考えると、自分でやったほうが早いと考えてしまいます。

　その結果、不器用で要領の悪い子は、経験を積む機会がないまま、ますます不器用で気が利かない存在になってしまいます。

　しつこくいいますが、発達障害の子どもは親の育て方がまずかったから、不器用になったのではありません。しかし、そんな不器用な子どもも、周囲のかかわり方で変化が起きます。経験を積むことで、少しずつですが、変わっていくことができます。反対に、手伝いを経験させないでいると、どんどん不器用になっていってしまいます。

❷ 行動をさせることで、脳と筋肉を結ぶ回路ができていく

　2～3歳の子どもに「このボールを蹴って」と呼びかけ、サッカーボールを近くに蹴ってやっても、とっさにボールを蹴ろうともしません。これが5歳くらいになると、「ボールを蹴って」と呼びかけると、体をボールが来る方向に向け、蹴ろうと体を動かすことができるようになります。小学生にな

ると、近くまで転がってきたボールを蹴ってゴールにシュートすることができるようになります。

　このように成長とともに大脳や小脳と筋肉などをつなぐ神経回路ができていきます。体を動かすというのは、脳が命令して筋肉を動かすということです。ボールがうまく取れるようになるということは、大脳が命令したことを、うまく筋肉に伝える神経回路ができるということです。筋肉を大脳の命令通りに動かすことができるのは、小脳の働きであるといわれています。自分が考えたとおりに、また器用に体を動かすためには大脳と小脳と筋肉の動きを伝えるさまざまな神経回路を作ることが必要になります。

　新しい動きをすることで、新しい神経回路が伸び、大脳からの命令が筋肉に伝わるようになります。同じ動きを何回も反復練習することで、神経回路の命令伝達のスピードが増し、素早い動きができるようになります。不器用な子どもでも、何回もくり返すことで、最初は苦労していた動きも、少しずつですがらくにできるようになります。

　たとえば、箸でものを掴むことはだれでも最初はむずかしいのですが、反復練習することで、スムースに動かすことができるようになります。包丁でジャガイモの皮をむくこと、リンゴの皮をむくことも、くり返し練習するとやがて上手にできるようになります。

　生まれつき薬害で手が短い方が、足で包丁とジャガイモをつかみ、皮むきをしている映像を見て、感動しました。これができるまで、ご家族やご本人のたいへんな努力があったと思います。反復練習することで、脳が命令した通りに足の筋肉を動かす神経回路が伸びたということでしょう。このような映像を見ると、不器用な人でも、練習によって的確な動作ができるようになることの可能性を確信します。

　何回も練習することで、素早く上手にできるようになるのは、皮むきだけではありません。ほかの子どもより、時間はかかるかもしれませんが、洗濯物を畳むことも、アイロンをかけることも、ミシンをかけることも、釘を打つことも、重い荷物を運ぶことも、風呂洗いをすることも上手になります。

○○ちゃん洗たく物たたんでちょうだい

作業所さくらハウスの訓練

●不器用な人に用事を頼むのはひと苦労、でも……。

　私がやっている「作業所さくらハウス」には、不器用な青年が多く集まっています。たとえば、作業所の天井に照明器具を取りつける仕事をしなくてはならないとします。普通の職場なら「できそうな人」に頼むのでしょうが、利用者さんの中にそんな人はいません。これまではしかたなく、スタッフがその作業を引き受けてきました。しかし、これでは利用者さんのスキルはアップはしません。

　そこで、利用者のAさんにスタッフの仕事の手伝いをしてもらうことにしました。

●Aさんの様子

①脚立が重いので運ぶのにヨロヨロして一度に運べず（バランスが悪く）、休み休み運んでいた。
②脚立を広げて固定する金具のとめ方と外し方がわからない。
③高い脚立に怖くて登れない。
④ネジやドライバーなどの工具を的確に手渡せない。
⑤重い物を運んだり、使ったことがない工具を扱う未経験の長時間作業だったので、たいへん疲れた様子だった。

　Aさんに用事を頼むと、余計に手間がかかるので、通常の職場や家庭ではAさんに用事を頼むことはないでしょう。しかし、不器用な人にこそ用事を頼むことが必要です。Aさんも何回も作業を経験する中で、少しずつ要領を得ていきます。

　家庭の中でも、時間に余裕がある場合はぜひ不器用な子どもに経験させてください。

●変化は少しずつ

　作業所の訓練の中に紙の箱を折る作業があります。不器用な利用者さんは、箱を折ってもシワができたり破れたりして汚い仕上がりになります。しかし、ゆっくりでも、毎日練習を積んでいくと、数カ月後には、きれいにしかも素早い（といってもまだ一般の労働者の能率と比較すると遅いが）仕事ができるようになります。

しかも、箱折りの作業ができるようになると、ほかの新しい作業も、少し器用になっていきます。

　力がありそうな利用者さん（筋力トレーニングに凝っている男性）でも、重たいダンボールの箱を持ち上げたり運んだりする作業ができないことがあります。今まで重いものを持つ経験がなかったようです。

　そんなばあいでも、スタッフが「斜め上に上げて」とか「前に倒してやって」などと具体的なアドバイスの言葉を添えながら作業をしてもらっています。5回、10回とくり返してやっていくと、だんだんと力の入れ方を身につけて、らくに持ち上げられるようになっていきます。

　「テーブルをふいてください」と利用者さんに頼むと、ただ表面をこするだけしかできない人がいます。しかし、指先や手のひらに力を入れて汚れを取ることを教えて、何回も反復練習することで、上手にふきそうじができるようになります。ある動作ができるようになると、ほかの動作にもよい影響が起きてきます。

　また、作業で身につくのは筋肉の使い方だけではありません。困った時の態度にも変化が見られます。

　作業所で作業をはじめたばかりの頃、「箱の紙がなくなりました」「中に詰める物がありません」など、利用者さんは困るとすぐにスタッフに聞きにきました（中には、困ってもスタッフに聞くことができない方もいるので、聞くこと自体はすばらしい変化ですが……）。

　スタッフは、「箱の紙はどこにしまってありますか？　いつもの場所を探して、それでもなかったら聞いてください」などと答えています。何回かこれをくり返していると、いちいちスタッフに聞かなくても、自分で必要な物を探しに行けるようになります。

　一つの作業でこのことができるようになると、ほかの作業でも「考えて行動する」ということができやすくなります。このくり返しで「問題解決スキル」を獲得していきます。

練習の結果、ほかの人と協力して重たい段ボールを運べるようになった

6　生きるためのスキルを身につける

　人の中でよりよく生きる技術をソーシャルスキルといいます。これらのスキルを身につけることによって、社会生活が可能になります。

　いくつかの具体的なスキルをあげますが、このすべてを身につけなければならないというわけではありません。身につけにくいスキルもありますし、環境によって不要なスキルもあります。どんなスキルをトレーニングするかは、必要に応じて決めてください。

　スキルは大きく「対人スキル」と「非対人スキル」に分けられます。空欄には必要なスキルを追加してください。できるようになったら ✓（チェック）をつけましょう。

❶生きるためのスキル（対人スキル）

質問：分からないことを質問する		謝罪する（叱責を受けた時、間違った時謝罪する）	
表情：相手が不快に思わない程度の表情をする		感謝する（お礼をいって感謝を伝える）	
返事：相手が不快に思わない程度の返事をする		あいさつする（仲間や立場の違う人へのあいさつ）	
自己主張：断る、主張する		電話する（電話の受け方、かけ方、話し方）	
困っている人を助ける		問題解決する（困ったときになんとかする）	
依頼：助けを求める		表情から相手の気持ちを知る	
仲間に入る、声をかける		状況や言葉から相手の気持ちを想像する	
メールのルールが身についている		自分の気持ちを相手に伝える	
相手との距離を保てる（近づきすぎないなど）		他人の話を最後まで聞く	
適当な声の大きさで話をする			

❷自分を知る（非対人スキル）

自分の得意なことや好きなことを知る		自分の怒りを解消する方法を知る	
自分の苦手なことや嫌いなことを知る		自分の気持ちに気づく	
自分の力を知る（どこまでできるかなど）		どんなときに、パニックなどを起こすか知る	
自分の行動パターンを知る			

❸生活自立スキル（非対人スキル）			
就寝など規則正しい生活を送る（生活リズム）		余暇時間を活用する	
長期短期目標を持つ（計画的な生活）		お金をためる	
食事、排泄、入浴、衣服着脱、衛生 （身辺自立スキル）		節約する（お金や物を無駄に使わない）	
		バスや電車を乗り継いで目的地に行く	
食事作り、清掃、洗濯（家事）			

❹学校でのスキル（対人・非対人スキル）			
そうじの方法を知る		質問は挙手する	
宿題をする		先生には失礼な話し方をしない	
忘れ物をしない、必要なものを準備する		ロッカーはきれいに使う	
授業中、静かにイスに座っている		時間割に従って行動する	
学習に集中する		遅刻をしない	
読む、書く、聞く、計算する、推論する		校則を守る	
トイレに行くとき断ってから行く		予定変更に対応する	

❺就労スキル（対人スキル）			
一定の様式にそって自己アピールする（面接）		休憩時間を過ごす（疲れを取るなど）	
わからない時質問する		協力して仕事をやり遂げる	
叱責を受けた時、間違った時謝る		他人が困っていたら、助ける	
お礼をいって感謝を伝える		他人がほめられ、自分に注目が集まらなくても、怒らない	
あいさつする（仲間や立場の違う人へのあいさつ）			
電話する（受ける、かける、話しかた）		一人でいつまでも話し続けるなどしない	

❻就労スキル（非対人スキル）			
効率を上げる工夫しようとする		気が向かない作業でも一定時間集中作業する（集中力）	
目標を持ちやりとげようとする			
金を得るために働く意欲や気持ちを持つ		パソコンの操作ができる	
収入を得ることに意欲を持つ		休み時間にリラックスして過ごす	
場面に合った服装をする			

7 身辺自立のスキルを身につけるトレーニング

　朝起きてから夜寝るまでの、身の回りの生活習慣が身についていない人がいます。学校や療育教室でのソーシャルスキルトレーニングも大切ですが、日常生活の中で自然におこなわれるトレーニングに勝るものはありません。実際の生活場面での訓練ですから、何回もくり返し経験することで、子どもの中にしっかりと定着します。その際、むりやり教えるのではなく、ほめるなど肯定的な方法でやる気を引き出していくようにします。

　できることがあたり前になると、自然につぎの段階に進みます。将来の自立に直結する生きる力になります。

●身辺自立のスキル

●トイレの正しい使い方を身につける	●洗面所を使う
便器を汚したときに、自分できれいにする	石けんを適量で使う
便器を汚したときに、親にいうなど適切に対応する	顔や手を適切に洗う
尿をあちこちに散らばさないような排尿する	タオルを適切に使う
手をきれいに洗う、ふく	●シャンプーのしかた
●服を選び着替える	シャンプーやリンスを適量使う
気候に合わせて着る	適切な頻度で洗髪する
汚れた服は着ない	●風呂の入り方（体の洗い方）
色合いを考えて服を着る	石けんを適量で洗う
●食事をする	顔や手を適切に洗う
正しい箸や茶碗の持ち方をする	タオルを適切に使う
こぼさないで食べる	●歯の磨き方
ひじをつかないで食べる	歯や歯ぐきをブラシできれいにする
クチャクチャと音を立てないで食べる	定期的に歯ブラシをする
偏食しないで食べる（ご飯とふりかけだけの人もいる）	●布団やベッドを片づける
	布団を片づける
よくかんで食べる	寝間着を片づける

●大人になっても身辺自立ができない人

手の洗い方が身についていない

液体手洗い石けんのポンプを
10回くらい押し、出して洗う

洗たく洗剤で洗う

大人になっても食べこぼす

食べこぼし

和式トイレを使えない

ボク洋式トイレでないとできないんです

トイレを汚したときの対処ができない

今トイレを汚したの誰なの？
汚したらどうしたらいいの？

……

鼻をかんだティッシュをちらかす

日常の簡単なことができない

灯油がなくなりました

自分で灯油入れたことないの？

簡単な家事もできない

- ただこするだけじゃなく汚れが取れるように力を入れてふいてね
- お米は洗剤で洗いませんよ

加減を知らない

- お米は下から持たないと袋がやぶれるよ
- 米30kg

帰宅途中事故で電車が止まったとき

- お父さん迎えに来て（自立していない）
- バス停を探してバスで帰ろう（自立している）

知らないことが多すぎる

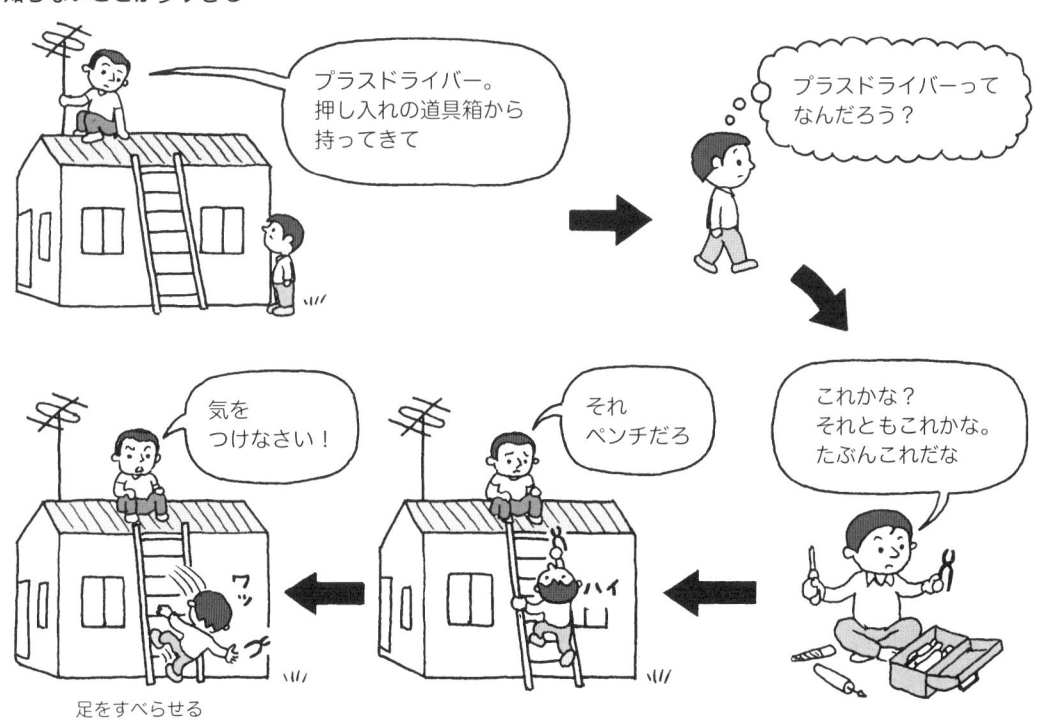

- プラスドライバー。押し入れの道具箱から持ってきて
- プラスドライバーってなんだろう？
- これかな？それともこれかな。たぶんこれだな
- それペンチだろ
- 気をつけなさい！
- 足をすべらせる

N保育園に学ぶ
「毎日の生活で発達を促す保育」

　福井市のN保育園の保育内容は発達障害児の子育てに参考になるところが多くあります。障害児を意識してこのような保育内容にしているわけではありませんが、生活全般に活動量が多く、体や脳によい刺激を与える活動を多くとりいれています。

●N保育園の保育方針

　N保育園では園長の次の方針で保育がすすめられています。
「現代の社会は便利なものであふれているが、子どもは、目や耳、からだをしっかりと使って生活させることが大切です。体を使って体験して覚えたり、技（わざ）を身につけたり、実際にやってみることで、よく考えられるようになり、できることが増えると喜びになります。それで楽しくなり、そうすると意欲も出てきて、積極性も出てきます。また体が健康であれば、睡眠も深くなり、意欲にもつながります。とくに食育はすべての基本です」。

●献立の工夫

　N保育園の給食献立は基本的には市の栄養士が作成する献立ですが、他の園とは一味も二味も違ったものになっています。まず市販の冷凍食品やレトルト食品より、手作りを基本としています。そして材料は季節ごとに園の農園で採れた野菜を中心に用いた献立になっています。メニューは、揚げ物などより、煮物や酢の物などを中心とした、むかしからのあたり前の「おかず」となっています。献立表のメニューだけでなく、園手作りのみそを使用したみそ汁と園の農園で取れた大根で漬けたたくあんを、毎日つけ加えています。

ある日の献立
・冬野菜のグラタン
・春雨の酢の物
・大根のそぼろ煮
・たくあん
・大根葉のたいたもの
・キノコのみそ汁

　幼児のためのものというより、「たくあん」や「大根葉の煮物」や「大根のそぼろ煮」や「酢の物」など大人でも十分に食べ応えがある内容です。これらの献立を、0歳児から喜んで食べています。

●配膳の工夫

　私が今まで訪問した多くの小学1年生の教室では担任が給食の盛りつけをしていました。N保育園では、2歳児では一部盛りつけをおこなうとともに、盛りつけられた皿や汁椀を自分の席まで運んでいます。驚くことに、熱いみそ汁を保育士の見守りの中でおこなっていました。また写真にあるよ

うに、2歳児でも、空の食器や鍋類を給食室に運んでいます。園長のアイディアで、給食室に小さな窓があり、そこを開けると洗い槽があり、汚れた食器類は子どもが入れられるようになっています。

3歳児になるとすべてのおかずやご飯の盛りつけをし、盛りつけた食器を自分の席まで運んでいます。また、みそ汁やお茶で床を汚すと、自分で雑巾を取りに行き、床をふいています。

これらの活動は、乱暴に「何でも子どもにさせる」のではなく、保育士が子どもの発達の様子を観察して「この子はここまで自分でさせてもよい」と判断してさせるなど、安全に留意しておこなわれています。

●生活体験が少ない発達障害者

障害のある子どもには、自治体や病院などで療育教室をおこなっていることがあります。私も今まで療育教室でそんな子どものサポートをおこなってきました。そのような療育教室は月に1、2回で1時間程度のものですが、それでも効果があります。しかし、N保育園でおこなっているように、毎日体と脳を刺激するような生活行動をおこなうことで、脳と筋肉をつなぐ回路を増やすことこそ大切なことだと思います。訓練と違い、毎日毎日のくり返しの中で身につけるので、むりなく、習慣化して確実に心身が発達していきます。

今まで私が、就労や就学支援をしてきた発達障害の大人を見ていますと、「この人は小さい頃から、さまざまな生活行動を体験してこなかったのでは」と思えるような方が少なくありません。大人になっていろんな活動をしていただくと、生活の中で他の人が体験するような経験をさせてもらえなかったことがわかります。もともと発達障害のある人は不器用な方も多いのです。だから、もしかしたら、育ってきた家族の中で、「あの子にこんなことできないだろうから、他の子どもに頼もう」とか「私が一人でやったほうが楽だ」とか思ってやらせていないことも予測できます。

●毎日くり返して身につける

N保育園の子どもたちは、まずは、自分で給食の盛りつけをしていました。自分で盛りつけをすることは、自分がどれくらい食べられるかを考えるということです。自分がどれくらい食べられるかを知るということは、自分の特性の一部を知ることであり、食べる分を自分で心配しているということです。大人の発達障害者でも、盛りつける経験をせずに育つと、残さないように量を調節して盛りつけるということができない人がいます。

みそ汁の盛りつけは、お玉を用いて熱い液体を椀に盛るという作業です。これは熱くてやけどの危険を伴うので、通常の2歳児にはさせない作業です。皿に盛ったおかずや、椀に盛った熱いみそ汁を自分の場所まで運ぶことは、バランスをとってこぼさないようにするなど大脳と小脳と筋肉を使うだけでなく、目や耳などの感覚器も使用して周囲に友だちや障害物がないか、気を配らなければなりません。また、床を汚した時には、自分が心配して雑巾を取りに行き、自分でふくことができています。これができない大人はめずらしくありません。「自分で汚したら自分できれいにする」はまさに問題解決スキルのトレーニングのはじまりです。

❶みそ汁を盛る2歳児

❷みそ汁を席まで運ぶ2歳児

❸たくあんとおかず一品を盛る2歳児

❹空の鍋を給食室まで運ぶ2歳児

●日常のあたり前の生活の中で脳を刺激する

　こんな活動を毎日くり返しおこなうことにより、不器用な子どもも、脳と筋肉をつなぐ回路ができたり、自分のことを心配したり、気配りなど、それなりの動きができるようになります。

　また、N保育園では、子どもたちが園の畑に行き、いっしょに収穫するためか、野菜が大好きなようです。著者も、何度か給食を相伴させていただきましたが、大きく切ってあり、よく噛まないと食べられない献立でした。野菜たっぷりで、素材を生かしたおかずを、よく噛んで食べることは、あたり前のことをなのかもしれませんが、なかなかできないことです。

　このように、食育だけとってみても、子どもたちの脳と筋肉をつなぐ回路を発達させるような活動がたくさん含まれていることがわかります。これらの活動をすることによって、子どもがもともと持っている発達の可能性を伸ばすことにつながっていると考えられます。

❺食べ終えた食器を洗い槽に入れるのは2歳児から

❻すべてのおかずを自分で盛る3歳児

❼グラタンを盛る3歳児

❽床を汚したら自分で雑巾を取りに行きふく3歳児

8 自己決定力・自己責任力が身につくトレーニング

　自己決定の力、自己責任力は、生活の中で起きるさまざまなできごとに対応していくうちに身についていくものです。容易な事柄から自分で決めていく機会を意識的に作りましょう。

●**日常生活の中での自己決定の場面**
・お菓子を二種類見せて、どちらを食べるか選ばせる。
・毎日着る服などを自分で決めさせる。
・休みの日の外出先などを自分で決めさせる。
・塾に行く・行かないなど自分で決めさせる。
・お手伝いする家事の項目を自分で決めさせる（家事をするかどうかは、親が決める）。
・朝、起きる時間を話し合い、自分で決めさせる（学校の始業時間や、食事時間などを考えさせて）。
・お金の使い方を自分で決めさせる（自由に高額のこづかいを使わせてよいということではない）。
・外食したとき、自分で注文料理を選ばせる。

　自己決定させるとき、注意が必要なのは「決定に異議を挟まない」ということです。洋服など自分で選ばせるとセンスが悪くなることがありますが、口を出しません。外食で選んだメニューが変な取り合わせでも、子どもが決めたら、それを尊重します。
　このような自己決定をくり返していくと、失敗することもありますが、その失敗を体験させることが大切なことです。親は「転ばぬ先の杖」を出さないようにします。本人は失敗の経験を積んでいくことで、つぎに決定するときには慎重になります。
　また、子どもの決定の失敗を親がカバーしないことです。「500円以内で好きなお弁当を選びなさい」と子どもに伝えるときに、「その弁当を食べると夕飯まで何も食べられないので、お腹がいっぱいになるものを選びなさいね」と注意を与えておきます。
　選んだお昼の食事が、お菓子とジュースで、ランチタイムのときに、親の弁当を欲しがっても、分けてあげたりしないのがよいと思います。失敗を親がカバーしてしまうと、選択結果を自分で引き受けること（自己責任）にならないからです。

● 自己決定と自己責任

今日は寒いから長そでがいいよ

やだー半そでがいい

さむっ！長そで着てくればよかった

お昼ごはんにお菓子ではおなかすくよ

ママのオニギリちょうだい

ダメ。ママおなかすいてるからあげられないの

①どの服を着たらいいかわからないときは、選択肢を絞り込むなどの助言をすれば、自分で選んで着ることができるようになります。

②衣装ボックスを用意して、(下着のシャツ)(パンツ)(靴下)(ズボン)(スカート)(シャツ)(ブラウス)(上着)(トレーナー)などと名前を書いておきます。この引き出しの中から自由に選んで着ればよいという約束しておくと、毎日一人で着ることができるようになります。

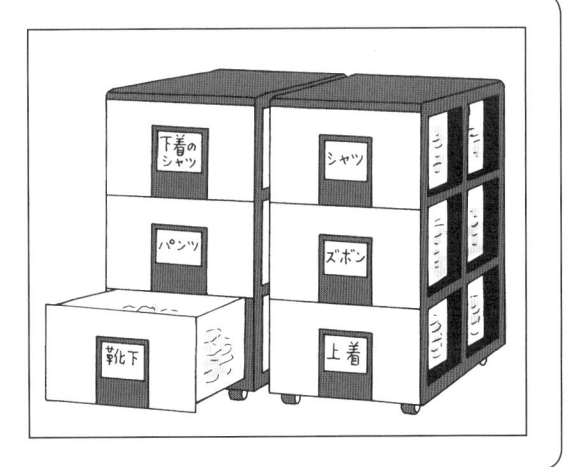

9　電車やバスを使うトレーニング

　切符の買い方、降りる駅を気にする、乗り換え方法を知る、車内ではおとなしくしている、お年寄りには席を譲る、電車やバスが来るまでがまんするなど、バスや電車に乗る体験はソーシャルスキルを身につける格好の実習課題です。

　一朝一夕には身につきません。やはりスモールステップ（少しずつ段階を踏んで）で進めていきます。最初は保護者がついていく必要があっても、同じルートの移動なら次第に一人で行けるようになります。鉄道が大好きな子どもなどは、一人で利用ができるようになることで、時刻表を用いて小旅行を楽しめるようになります。

> 今日は送っていけないのでバスに乗っておばあちゃんちに行ってね

❶ 徒歩や電車やバスでの移動は体力がつく

　むかしは学校にも1時間くらい歩いて通っていたという話を聞きます。いまなら通学に1時間も歩かせたら「かわいそう」といわれそうです。たとえ通学時間は片道15分だとしても、毎日の往復で重たい荷物を背負って30分のウォーキングをしていることになり、それだけで体力がつきます。「かわいそう」だと思わず、なるべく車での送迎はやめましょう。

　重たいランドセルを背負って一日に30分歩ける体力がつくと、大げさにいうと、子どもはそれだけで生きるのがらくになります。

　通学以外でも、近くのスーパーにお使いに行ってもらうとか、外出は自家用車ではなく、バスや電車などの公共交通を使った生活を心がけてみましょう。

❷ 一人で行動させることで、問題解決スキルが高まる

「問題解決スキル」とはトラブルが起きたとき、それをなんとか解決しようと考えたり試したりして、実際に解決する力です。

自家用車での移動ばかりだと、移動の間になんのトラブルもありません。もし、徒歩とバスなどで移動したら、毎日トラブル続きでしょう。

草やチョウや昆虫に夢中になっていたら、ハチに刺されたりもするかもしれません。小川に落ちたり、水たまりで服が汚れることもありそうです。また、いろんなものに夢中になって、乗るはずだったバスに乗り遅れるかもしれません。もしかしたら、バスの中が混んでいて座席に座れないこともあるかもしれません。

「うちの子どもをバスで登校させたら、ハプニング続出で学校に到着できない」と思うお母さんがいるかもしれません。でも、子どもの頃に、多くの「困った」ことを経験することが必要です。子どもはその困難を自分でなんとかしなければならない状況に置かれ、いやでも問題の解決に迫られてはじめて、その能力が身につくのです。

実際に徒歩とバスで移動させると決めても、一朝一夕に身につけることはできません。やはりスモールステップ（少しずつ段階を踏んで）で練習を積み重ねていきます。最初は大人がいっしょに移動します。つぎは、一人で移動させ、大人は陰に隠れて見守ります。慣れてきたら、最終的には一人で移動できるようにします。

● ハプニングの連続

小川に落ちる

バスに乗り遅れる

ハチにさされる

水たまりで服を汚す

10 買い物スキルトレーニング

　「はじめてのおつかい」という番組があります。幼児が、今までしたことがないおつかいで、「困ったこと」「怖いこと」などを経験して無事に家に帰ってきます。とてもほほえましくも、考えさせられる企画です。

　上手な買い物ができない発達障害の人も少なくありません。買い物が苦手なタイプの子どもには、計画的に「おつかい」をさせる必要があります。頼まれた商品がなかった、必要なサイズのものがなかった、同じ商品でも値段が高いものを買った、棚から商品を落として壊した、怖い犬やおじさんがいたりなど「困った場面」と遭遇します。それぞれの場面で、自分で判断をして対処する必要に迫られることになります。これが大切な問題解決スキルを育てます。

　スーパーよりも近所のお店屋さんが便利です。親がお店の人と顔見知りになっていると、一人でのおつかいでの配慮を頼みやすいでしょう。最初は慎重に、次第に大胆にしていきます。

❶ 買い物スキルを身につけるスモールステップ

①買い物の前段階として、となりに回覧板を持って行かせることが入門でしょうか。あらかじめ隣に頼んでおいて、うんとほめてもらうようにします。ごほうびにお菓子などをもらえると、次回のおつかいへの意欲がわきます。

②大人といっしょに買い物に行き、100円とか200円とか、決められた金額内で買う物を決める練習をさせます。

③知り合いの人(親せきの人やボランティアなど)に、店やスーパーやコンビニやハンバーガーショップなどに買い物に連れて行ってもらいます。持たせるお金の範囲で買う物を選ぶ練習をさせます。

④近くのコンビニ(またはスーパー)や店に、一人で

① 
「回覧板です」「まあえらいわね」
となりに回覧板を持って行かせる

② 
「その200円で好きなもの買っていいわよ」
決められた金額で買い物させる

牛乳などを1本買いに行く。最初はおつりが不要なだけお金を持たせて、頼まれた物を買う練習をさせます。

⑤店やスーパーなどに一人で行き、保護者などが作成したメモにしたがって、複数の商品を買ってくる練習をさせます。

⑥ピクニックのお弁当など、金額を決めて（たとえば、一人500円など）、店やコンビニやスーパーなどで買わせます。お弁当にならない菓子などを買ったりして、あとでお腹がすくなどの経験を積むことで、何回も経験することでつぎから何を買ったらよいか、次第に考えられるようになります。

⑦ご飯の支度に必要なものを買いに行かせます。なにをどれくらい買うかは、最初は家族と相談して決めてメモします。慣れてきたら、必要な食材を必要なだけ買いに行かせます。

③
知りあいの人にスーパーなどにいっしょに行ってもらい、持たせたお金で買い物させる

④
一人で牛乳1本を買いに行かせる

⑤
えーと、トマト4つと
スーパーなどに一人で行かせ、メモにしたがって複数の買い物をさせる

⑥
このオニギリがいいな
ピクニックのお弁当などを、金額を決めてコンビニなどで買わせる

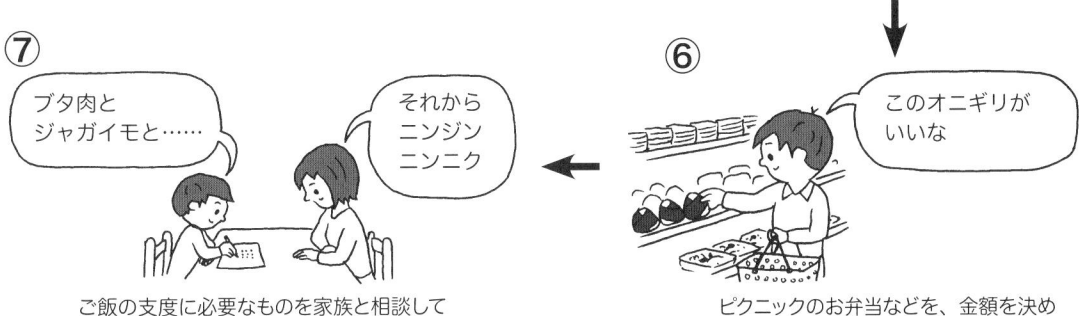

⑦
ブタ肉とジャガイモと……
それからニンジンニンニク
ご飯の支度に必要なものを家族と相談して決め買いに行かせる

■**買い物やおつかいの練習をする時の注意点**

・間違った物を買っても怒らないで、正しいことを教える。
・とても役に立っているとわかるようにほめる。
・必要に応じてごほうびをあげる（お金だけではなく、シールや、ゲームをしてもよいなどのごほうびも可）。

❷ 自分が着るものは自分で選んで買う

　身につけるものは、自分で選ぶ力を身につける必要があります。買い物は、自分で選び自分で判断する「自己決定」の格好の課題です。自己決定というと、大げさで「生き方を選ぶ」とか「人生の岐路で選ぶ」などのイメージを持ちがちですが、まずは、下着や洋服を選ぶことから自己決定の練習がはじまると考えています。

　身につける物を選ぶとき、大人から見て「センスが悪い」とか「あなたにはこっちの方がいいよ」とか「この色はスカートに合わないよ」などと口を出したくなります。でも、人間だれしも、最初から適切な選択ができるわけではありません。大人の"適切なアドバイス"で、失敗の経験を積むチャンスを奪わないでください。

●こんな場合は自分で決めて、自分でさせましょう

「母さんが買ってきたこのパンツきついから嫌だ」
「ごめんごめん。すぐ取りかえてくるね」

自分で買わせればこんなことはおきません

「このスカートにする」
「それは短かすぎよ。このズボンがいいよ」

自分で決めさせましょう

「この1万円のTシャツがほしい」
「ダメダメ 1980円でいいの」

こんな場合は「2000円を超過した分は自分の貯金から出すのよ」とあらかじめ伝えておきましょう

11 幼いときからお手伝いをさせる方法

　乳幼児の頃は、「ティッシュ取って」とか「これをゴミ箱にポイして」とか「リモコン取って」「扇風機のスイッチ押して」などのお手伝いができます。お手伝いをしたら大げさにほめます。ほめることによって、「自分のしたことで親を喜ばせることができた」とお手伝いの楽しさを知り、「親を喜ばせたい」という感情を育てることもできます。

　幼児になったらできる家事は、箸を並べる、お茶碗を並べる、新聞を家に入れる、夜寝る前に玄関の靴を揃えるなどです。

　小学校に行くようになったら風呂そうじ、玄関そうじなどもできるようになります。高学年になると、お米を量ってとぐ、簡単な調理、洗濯などができるようになります。発達障害の子どもたちが同じようなことができるかどうかには個人差もありますが、その子の発達段階に応じてお手伝いも発展させていきます。

　お手伝いを確実に毎日できるようにさせるためには、子どもにまかせるだけでは長続きしません。家族全員で家の仕事を分担します。「みんなで働いているから、家族が快適に生活できる」ことを実感できると、自分も家族の生活を支えているんだという意識をもてるようになります。

●できそうな家事（年齢順）

①リモコンを取る・ゴミを捨てる・ティッシュを取る（0歳）	⑧家の雑巾がけする（モップでなく、雑巾を絞らせて拭かせる）（5.6歳〜）
②新聞（または牛乳）を新聞受けから取って親に渡す・夜に新聞を片づける（2.3歳〜）	⑨ゴミをゴミ置き場まで運ぶ・ゴミを袋にまとめて入れる（小学生低学年〜）
③玄関の靴を揃える（4歳〜）	⑩草取りをする（小学生中学年〜）
④玄関の掃きそうじする・玄関の外を掃く・家の前を掃く（5.6歳〜）	⑪米をとぐ・ご飯を炊く（小学生中学年〜）
⑤茶碗や箸を揃える（5.6歳〜）	⑫洗濯物を取り入れる・たたむ・各部屋に運ぶ（小学生高学年〜）
⑥食事を運ぶ（5.6歳〜）	⑬皿洗いをする（小学生高学年〜）
⑦自分の食器を下げる（5.6歳〜）	⑭おかずの一品を作る（小学生高学年〜）
	⑮食事作りを担当する（中学校〜）

＊年齢はおよその目安で子どもによって違います

12 家事を身につけるトレーニング

　家事は、自立するために必要なさまざまな生活技術を含んでいます。

　四つんばいになってふきそうじをすることで、手の力の入れ具合がわかり、体のバランスも取れるようになります。料理をすることで、火を使うこと、水で洗うこと、切ることができるようになります。

　包丁を使えるようになると、指の巧緻性が高まります。リンゴの皮むき、ジャガイモの皮むき、硬いカボチャを切る、ニンジンを切る、ゴボウを切るなど、それぞれに力の入れ具合が違いますので、それらを実体験することで、脳に新しい回路ができます。

　何もしないで過ごせば困ることはありません。しかし作業をすれば必ず困ったことが起きるので、それをなんとか乗り越えるという問題解決スキルを身につけることにもつながります。

❶ 家事とこづかいを連動させる

　家事で働くことが身につくと、働くことが当然だという感覚を持てるようになります。保護者の中には「本来お手伝いは自主的にするもので、お金でつるなんておかしい」という方がいます。もちろん、報酬をあげなくても家事がしっかりと身につけられるようなら、それでもいいかと思います。

　しかし、発達障害があるばあい、周囲を見て学んだり身につけたりする観察学習が苦手だったり、部活や友だちとの関係で「いやでもやり遂げる」などの経験が少ないことがめずらしくありません。多くの発達障害者は学校を卒業しただけでは、「さあ、働かねば」とか「働くことは当然だ」とか「多少苦労しても働くことは必要だ」とはなりません。一向に働こうとしない人や、上司から叱責されたことから「もう働くことはしない」と決める人もいます。

　だから、家事手伝いを通して、イヤなときでも働かねばならないことや、毎日体を動かす経験を積ませることが重要になります。

❷ お金を使うことで、経済的なセンスを養う

　発達障害児者や引きこもりの青年などの親から、「うちの息子はお金をほとんど使わない」という話を耳にすることがあります。「お金をほしがらない」「物欲がない」ということは、美点のようにも思えますが、反対側から見ると「生きる意欲が弱い」とか「好奇心が旺盛ではない」ともいえます。

　もしかしたら、今まで「お金を貯めて、それを計画的に使う」という経験が少ないために、お金の価値や可能性がわからないのかもしれません。自由に使えるお金を持つことで、人生に計画性や将来性が持てるようになるかもしれません。

　「ゲーム機がほしい」といって親に買ってもらう生活ではなく、自分の力で稼いで買うという楽しさを知り、自信を持つことで、将来の就労にも意欲的になることが考えられます。

❸ お手伝いでどのくらいこづかいをあげるか

　基本的には、同じ年代の子どもが1カ月間で得るこづかいの平均額と同じか、それより少し多いくらいをあげます。

　大人になってから、貯金の習慣を身につけることはとても困難です。お金は毎日稼いだだけ使ってしまうのではなく、

① お手伝いをする

② ごくろうさま
お金をもらう

③ 貯金する

④ これください
欲しいものを買う

貯めてから欲しい物を買うということを経験させてください。欲しい物のためにはがまんをしてお金を貯め、買い物をするという成功体験を持たせることが大切です。

❹ やる気を高めるためにごほうびシールを使う

　やる気を起こさせるために、できたときはごほうびシールを表やカレンダーなどにはります。今月どれくらいできたかなど、見て判断できやすくなります。

　右の写真は、カレンダーに【ごほうびシール】がはってあります。

　手伝いの内容は、玄関そうじ、靴磨き、ベランダそうじ、風呂洗い、夕飯手伝い、米をとぐです。一つ手伝いをすると一つのシールを貼り、10円もらえる約束になっています。この月は540円稼いだことが一目でわかります。この子のお手伝いは、お手伝いを全部するのではなく、頼まれたことや、自分でしたいことをしています。だから土日にお手伝いを多くしています。

■こづかいをあげるときの留意点

・カレンダーなどにわかりやすく記入して、どれくらいこづかいを稼いだか、視覚化（目に見えるように）する。
・手伝いを決められた日時（毎日、毎週○曜日）を明確にし、実行しなかったら、ペナルティ（罰）として、罰金を取るなどしてもよい。
・金額は親がらくに出せ、年齢に不相応な高額とならないように決める。
・こづかい帳などに記入させるとよい。

13 夕食を一人で作らせる方法

　家事の手伝いというと、「箸を並べる」「皿を出す」をさせているという話はよく聞きます。しかしその手伝いは、「この手伝いがないとご飯が食べられない」といった重要な責任のともなうものではありません。食事づくりは家事の中でもっとも大切なことです。スモールステップでスキルを積み重ねながら、最終的には一人で夕食を作れるようにしましょう。

❶ 成功体験を積ませる

　不器用で包丁が使えないばあいなら、むりに包丁を使うことはありません。スライスする器具、皮むき器（最近ではささがきごぼうを作るピーラーまで売られている）。つかむ器具としてトングを用いれば菜箸を使う必要がありません。このほか、シリコンを用いた調理器具も多種類出ているので、画一的に「包丁で器用に調理」を目標にする必要はありません。しかし包丁も、慣ればほとんどの人が使いこなせるようになります。箸が上手く使えなかった人でも、大人になるとほとんどの人が箸を操ることができるようになるのと同じです。

　簡単においしいものを作れたという成功体験を積むことで、「また作ろう」というモチベーションを上げていきます。みんなでおいしく食べてあげましょう。

　「ローマは一日にしてならず」です。夕食作りも同じで、大人になってから急にはじめるより、幼い頃から少しずつ経験させることが大切です。段階的に少しずつ積み重ねていけば、最後には一人で夕食作りができるようになっていきます。

　親の中には食へのこだわりが強い方もいます。「ダシはインスタントではダメ。昆布と削り節に限るとか、買ったお総菜はダメ」。こんな完璧主義では気軽に任せられません。長い目で見守っていきましょう。

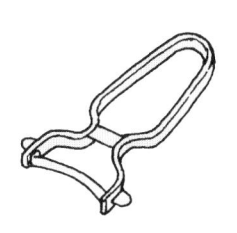

皮むき器（ピーラー） 　　　スライサー 　　　トング

❷ 夕飯の型紙を作る

　この型紙を見れば、全体がつかめるので、何を用意すればよいのかがすぐにわかります。

❸ お米をとぐ

　最初は、何カップかを指定してとぐことを頼みます。慣れてきたら、「２人のときは２カップ」「休みの日は４人で３カップ」などと自分で判断させていきます。実際には、前の日のご飯が残っているなどの事情がありますが、子どもが一人でできるように、単純に毎日同じ分量をとぐように配慮します。

　とぐしごとが継続できるようになったら、ご飯のスイッチを入れる、炊けたら混ぜるなど一連の作業を教えていきます。

●こんな表をはっておくとわかりやすい

月	火	水	木	金	土	日
２カップ	２カップ	２カップ	２カップ	２カップ	３カップ	３カップ

＊コメの分量（カップで計って、といでおく）

❹ みそ汁の作り方を教える

　だしは、インスタント顆粒ダシでよしとします。だしと水、みその量は正確に量ることを教えます。はかりで何グラムと指定してもよいし、大さじ何杯としても、計りやすいように教えます。みそ汁の具は、「ねぎとわかめ」「揚げと大根」などのように、参考になるいく通りかの組み合わせを表にしておきます。

● みそ汁の作り方（5杯分）

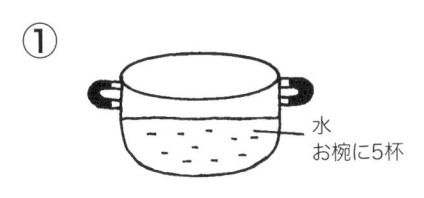

① 鍋に水を入れます。
水 お椀に5杯

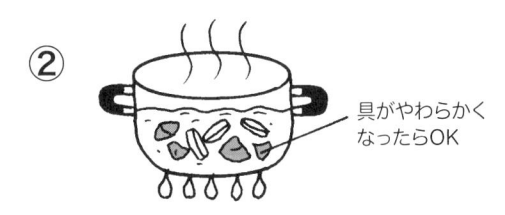

② 具を入れて煮ます。
具がやわらかくなったらOK

③ 火をとめてみそを入れ、とかします。
みそ大さじ3杯

④ だしを入れます。量はだしスティック1本。

⑤ みそ汁をあたためます。沸騰したらすぐに火をとめます
沸騰させるとおいしくなくなります

● 具の組み合せ

わかめ とうふ	油揚げ 小松菜	じゃがいも 玉ねぎ	しじみ ねぎ	にら 卵

❺ サラダを2、3種類教える

　ポテトサラダ、野菜サラダなど、簡単にできるレシピを教えます。ポテトはピーラーで皮をむいて、薄切りにして、ポリ袋などに入れて電子レンジでやわらかくする方法を教えると、ゆでる手間が省けます。

● サラダの作り方

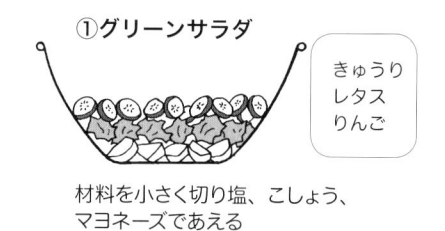

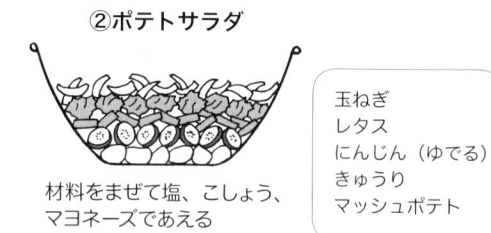

①グリーンサラダ

きゅうり
レタス
りんご

材料を小さく切り塩、こしょう、マヨネーズであえる

②ポテトサラダ

玉ねぎ
レタス
にんじん（ゆでる）
きゅうり
マッシュポテト

材料をまぜて塩、こしょう、マヨネーズであえる

❻ 簡単なメイン料理を教える

　2、3回、保護者がいっしょに調理して教えたり、メモを見たりすればできそうなのが、カレーです。カレーができるようになったら、同じような材料の応用で、シチュー、ハヤシライス、肉じゃがとすすみます。

　また、メインの料理は手作りだけではなく、冷凍食品など市販品でもよしとします。お店で買ったコロッケやメンチカツや豚カツなどは立派なメインとなります。メインの料理の下にレタスを敷くなど盛りつけの工夫も教えます。

● メイン料理はお気に入りの肉屋でもOK

このお肉屋さんのメンチカツ安くておいしいよ

●カレーからの応用

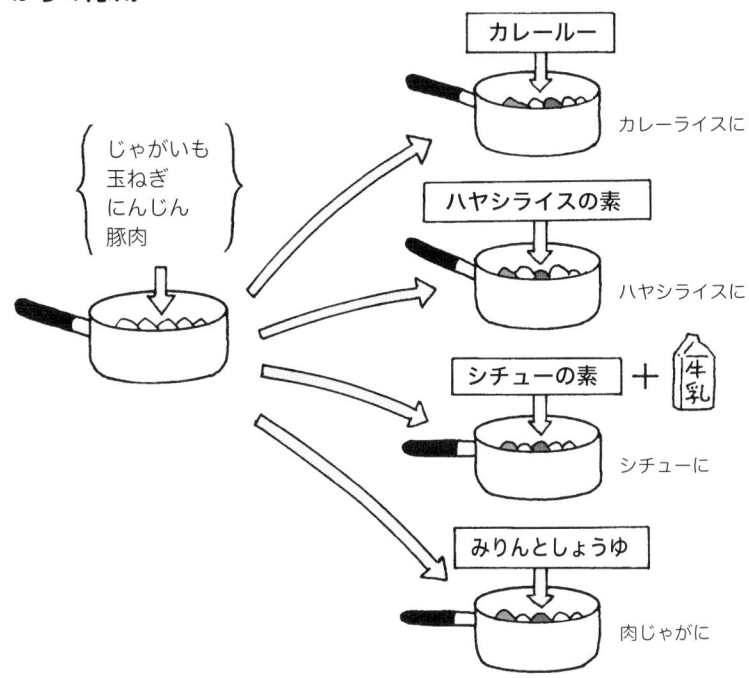

```
じゃがいも
玉ねぎ     → カレールー → カレーライスに
にんじん    → ハヤシライスの素 → ハヤシライスに
豚肉       → シチューの素 + 牛乳 → シチューに
           → みりんとしょうゆ → 肉じゃがに
```

❼ 一人で夕食作りをする

　親が不都合の日（私は親に「わざわざそんな日を作ってみてください」と伝えます）に、夕食作りを担当させます。はじめて作るのですから、いろんな失敗があるでしょう。しかし、文句をいわず、まずは「おいしい」や「すごく助かる」などの気持ちを伝えます。ほめ言葉や感謝の言葉が追い風となって「つぎもやってみよう」となり、次第に上手になっていきます。だんだんと、定期的に（例えば毎週金曜日の夕食とか）アルバイトとして担当していけるようにしていきます。

●こんなときはぐっとがまんしましょう

> キャベツの千切り太すぎるね

> このサラダ塩けが強くて食べられないよ

← 本人がっかりして、意欲をなくしてしまう

14 家事で「働く力」を身につけるトレーニング

　「お手伝いは強制的ではなく、自主的にやるものである」という主張をされる方がいます。その意見はもっともなことだと私も思います。ただ「手伝おうと思ったときに手伝わせる」ことで、どれくらいの発達障害の子どもたちが、家事を手伝うことができるのでしょうか。

　私はお手伝いで家事をさせることで「働く力」が身につくと考えています。発達障害者には、「自分が好きなことにはがんばれるが、いやなことはしない」という人が多いと思います。しごとは「好きなことばかり」ではありません。気が向かないことでも、しなくてはなりません。

　「気が向かないことはがまんできない。がんばれない」が発達障害者の特徴であることが少なくありません。しかもそれが就職できない原因の一つであることが多いのです。毎日の家事を少しずつ担当することによって、自分のことや家族のために働くことを教えていきます。

　日本の多くの家庭ではお母さんが多くの家事を担っていますし、家の中で一番手際よく家事ができます。でも、お母さんも最初から家事のエキスパートだったのではありません。結婚するまでは、家事などほとんどしたことがない娘時代を過ごした方も多いと思います。しかし、結婚して子育てをしたりする中で、「自分がしないとわが子が困る、家族が困る」ということになり、気分がのらなくても、多少頭が痛くても家事をこなしています。そして毎日くり返すことで、それほど苦痛も感じずにそれらの家事をやり遂げています。

　家事を身につけるときは、少しずつ担当させます。家族みんなが役割を分担していくことがわかれば、発達障害のある子どもでも納得して家事を担当できるようになっていきます。

●夕食作りの階段

①ごはんをたく
②みそ汁を作る
③サラダを作る
④メイン料理を作る
⑤型紙にそって一人で作る。親の留守の日にアルバイトで作る

15 | 役所や銀行の手続きができるようになるトレーニング

　一人で生活するには、役所や銀行・郵便局での手続きが必要になります。むずかしい窓口での手続きならだれかに付き添ってもらいますが、簡単なことなら一人で行くようにしてみましょう。そうすれば大人としての自立生活に一歩近づきます。

●ここがポイント

・住民票をもらう
　最初は保護者が手続きをするのを見せる。
　保護者の見守る中で本人が手続きをする。

・銀行口座を開く
　最初は保護者が手続きをするのを見せる。
　保護者の見守る中で本人が手続きをする。

・送金をする
　最初は保護者が手続きをするのを見せる。
　本人が一人で金融機関に行き、手続きをしてくる。

・宅配便を送る
　最初は保護者が手続きをするのを見せる。
　保護者の見守る中で本人が手続きをする。

・口座の管理
　「このお金はお母さんが預かっておく」としない。
　本人名義の通帳など作成し、こづかいなどを自分で出し入れさせる。

　買い物をしたり、役所で証明書類をもらうなどができるようになったら、つぎの段階として交渉をともなうような体験させます。
　「買ったものを返却させる」「交換させる」「クレームをいいにいく」などは高度な行動です。
　最初は、知り合いのお店にあらかじめ頼んでおきます。
　難易度が低いことからトライさせて、成功体験を積み重ね、自信をつけさせます。

いいたいことをいうだけではかえってこじれることもあります。

いい方にはつぎのことをポイントにするとよいでしょう。

・今までの経緯を説明する（今回訪れた、その理由など）。
・相手を責めることが強く出すぎたいい方になっていないか考えさせる。
・相手を傷つけないいい方があることに気づかせる。

これ昨日買ったんですけど別の物と交換してくれませんか

TN君（26歳・男性）
安心のしごと場を見つけるまで

●大学卒業までは順調だった

　TN君は高機能自閉症という診断を受けています。幼い頃から両親が「肯定感を持たせたい」と考えて、頭ごなしに「ダメ」「はやく」といわないように子育てしてきたためか、素直で楽天的な青年に育ちました。

　赤ちゃんの頃は、表情が乏しい、目が合わず声をかけても振り向かない、言葉の遅れがある子どもでした。2歳頃から発達相談を受け、カウンセラーのすすめで保育園にも通っていました。3歳から療育を受けており、ひらがな、カタカナ、アルファベット、数字を正確に読むなど知的レベルは低くはなかったようです。

　小学校入学の際、特殊学級か通常学級かを判定する就学指導委員会からは「灰色」と判定されました。そこで、通常学級でやっていけなかったらすぐに特殊学級に移るという条件で、通常学級で学ぶことが決まりました。

　小学校では親がPTA活動に積極的に参加し、学校と良好な関係を保つことに努めました。担任の先生も「ケース会議」（療育の担当者や保護者などが参加し、療育やかかわり方の方針を決める会議）に参加するなど、配慮のある環境を保てたこともあり、特別に大きな問題は起こりませんでした。学習面では、国語の文章の読み取りなどに多少困難があり、体育も苦手だったのですが、算数や理科社会などは問題がありませんでした。友だちはできなかったようなので、習い事などは親が近所の同級生に頼んで、その子といっしょに体操教室やピアノ教室に通っていました。

　中学校も通常の学校に通い、ブラスバンド部に所属、なんとか中3まで活動をしていました。学習面は、国語の読み取りや、英語の長文解釈が苦手だったほかは、中程度の成績だったといいます。高校は英語専門コースに進学しましたが、英語でのコミュニケーションはあまり得意ではなかったようです。

　高校卒業後は、地元の私立大学のコミュニケーション学科に推薦で合格し、まじめなTN君は、電車とバスを乗り継いで1日も休まず講義に出席しました。成績も申し分なく、卒論審査にも合格して卒業しました。

●知り合いの企業に正社員として就職

　ほかの学生と同様、就活に専念しましたが、3社を受験して全滅でした。これで、本人はガクッと落ち込み、「1年間就職浪人したい」と親に相談したのですが、父親が「それでは引きこもりになってしまうのでは……」と考え、その後も、両親と就職先を探した結果、遠い親せきにあたる人が社

長をしている一般企業に本社正社員として採用が決まりました。その社長には身内に障害者がいるため、TN君の特性についても理解があり、両親もたいへん喜びました。

　配属されたのは経理部でした。日々の売上などを管理する部署で、社長からTN君の指導を命じられた上司の下で働くことになったのです。TN君は、朝早く出勤することや、あいさつは身についていましたし、部長から「そうじもよくできる」というほめ言葉をもらったりしていたので、両親は安心していました。

　しかし実際は、社会人としての常識やビジネスマナーが身についておらず、同僚とのコミュニケーションにも問題がありました。また、電話の取り次ぎができないという決定的な欠点があり、同僚たちからの評価はとても低かったのです。

●周囲からたくさんのクレーム

　就職して約半年後、TN君は上司から直接、「君の仕事ぶりに困っている。転職を考えてくれ」と告げられたのです。まさか自分が周囲に迷惑をかけているなど、想像もしなかったため、TN君はたいへん驚きました。

　父親も驚いて社長に様子を聞きに行ったところ、「今いる経理部はむりなようだ。流通部門の子会社に配置転換を考えている。流通なら簡単な仕事があるから、いろいろ試して、できそうな仕事を見つければいい」という提案がありました。身分はこれまで通り正社員、給料も同じで、本社から流通の子会社に出向社員として派遣されるという形になりました。

●上司から問題を指摘されて驚いた

　子会社に在籍しながら、TN君は「地域障害者職業センター」（127ページ参照）に相談に行き、適性検査を受けるようになりました。今までも、TN君は「自分はみんなと違っている」とは感じていたようですが、特別に障害者であると意識せず育ってきました。

　しかし、あるとき子会社の上司から厳しい口調で、自分のやった仕事のどこが悪いのか、そのことで周囲にどんな迷惑がかかったかなど、具体的に説明されて、自分のやり方のどこが至らなかったのかがはじめてわかりました。親に「ぼく、今まで周囲に迷惑かけていたのかもしれない」「ぼくの作業のやり方は間違っていたんだ」と泣いて打ち明けたそうです。

　つまり、今までTN君は仕事で叱られても納得できていなかったのです。上司から具体的に指摘され、叱られたことで、はじめて自分の落ち度に気づき、今までのことを反省するきっかけとなったのです。

　しかし、子会社に移ってからも周囲の理解が得られませんでした。パートタイマーやアルバイトから「（TN君とは）いっしょに仕事はできない」というたくさんのクレームが本社に上がってきたのです。TN君独自の価値観で、周囲から求められている行動とは別の行動をしてしまい、それが周囲の迷惑になっていたようです。社内報告書を見せられて、両親は「TNの障害についてははじめから話してあったのだから、適切な対応をしていてもらえているもの」と考えていたので、たいへんがっかりし、また同僚の方々には申し訳ない気持ちになりました。

●あきらめて退職

両親は「地域障害者職業センター」に対して、TN君にジョブコーチ（127ページ参照）をつけて、実情を調査してくれるように依頼しました。（ジョブコーチについてご存じない方がおられると思いますが、障害者の就労にあたり、できることやできないことを職場に伝えたりして、障害者が円滑に働けるように支援環境を整えてくれる専門職です）。このジョブコーチは社内の人が担当していたのです。

このジョブコーチは調査し、その結論は、「今の会社を退職すべきである。いったん就労をあきらめて、就労移行の作業所で職業訓練を受けるのが適切である」というものでした。

この結論が発表された「ケース会議」（TN君に関する検討会）には、本社、子会社の関係社員、ジョブコーチ、発達障害者支援センター（128ページ参照）のスタッフ、両親、本人が参加した会議で話しあった結論でした。

会議の席上、社員たちは現場でTN君が起こしたトラブルをつぎつぎに発表しました。それを受ける形で、ジョブコーチがTN君に対して、「こんなに周囲が困っているのがわからないのか。君はいったいどう考えているんだ。君はこれだけ問題を起こし、周囲の人からいやがられているんだよ。そんな所で孤立したまま働き続けていても、君も成長していくことはできないし、幸せな生き方ではないんじゃないか」など、退職を説得しはじめたのです。

このときの様子を母親は「本人から『辞める』というように仕向ける誘導尋問のように思えた」とふり返っています。この会議の席で、TN君本人は会社側やジョブコーチの意図に反し、「ぼくはこの仕事が好きです。いつまでもここで働かせてもらいたい」と答えました。

ケース会議の数日後、人事課から「3カ月間、今の給料を支払うので、その間にほかの就労の道を見つけるように」という最終通告を受けたのです。両親もケース会議の様子から、このまま就労を継続することは本人のためにもならないと感じ、TN君と話し合った結果、退職を決めました。就職してから2年目の5月でした。

●障害者職業センターで訓練中のアルバイトで成長

その後、自分で納得の上、障害者の手帳を取得し、障害者職業センターで、8週間の職業訓練を受けることになりました。

障害者職業センターでは、ピッキング（仕分け作業）や配送準備などの訓練を受けます。その訓練がちょうど半ばまできた4週間目、親せきの電気工事店からTN君に「猛暑でエアコン設置の注文が多いので、アルバイトとして働いてくれないか」という話が来ました。そこで、実習を中間点で休んで4週間アルバイトに行きました。猛暑の中、狭くて汚い屋根裏に入ったり、草むらで仕事をしたりと、今までしたことがないような肉体労働の経験をしたのです。過酷な環境でもアルバイトできたことで、自信もついたようです。

アルバイト後、また4週間の障害者職業センターの訓練に戻りました。センターの職員は、TN君の変化に驚きました。アルバイト中には客との接触もあり、働く態度がきちんとしてきたのです。

また集中する時間も伸びるなど、見違えるように成長していました。訓練終了後、就職できるレベルまで達していると判断され、センターでも熱心に就職先を探してくれました。

その後、障害者就労に理解がある流通会社に障害者就労の枠（114ページ参照）として就職することができました。その会社は発達障害者を雇うのははじめてだったのですが、作業工程が細かくマニュアル化され、本人に合うように職場環境を整えてくれたので、とても働きやすいようです。

●適切な支援と障害受容が必要だった

TN君はいまも、その会社でピッキングの仕事をしています。ピッキングは本人の能力が生かされる職種です。時給690円から始まり、現在時給700円で一日６時間働き、社会保険もあります。もともとまじめなTN君ですので、仕事ぶりがほかの社員のお手本になっているようです。

障害者就労で働き出して１年以上たちますが、その仕事ぶりが認められて、そろそろ８時間の一般労働者（残業もあり）として働くことを会社から求められています。

TN君の母親は、「もし、障害者として適切な支援を受けながらの入社だったら、初めの会社でもうまくいけたのかもしれません。でも、一般企業で失敗し現実の厳しさを体験したからこそ、子も親も本当の意味での障害受容ができたように思います。自分に欠けている能力を見極めたうえで優れた能力を見出し、向上心を持って意欲的に社会参加してほしい」という気持ちを語ってくれました。

第6章

特別支援学校へ行かせるか？

自分の子どもに
障害があると気づいていても、
親は特別支援学校に行かせるのではなく、
普通学級で学ばせたがるケースが多いのです。
どちらで学ぶのが子どもにとって
よいのでしょうか。

1　特別支援学校（学級）と普通学級

　これまでたくさん、保護者の進学相談に乗ってきました。多くの発達障害を持つ子どもの親が普通の学校への進学を望んでいました。「普通学級に行けるでしょうか？」とか「なんとか普通学校に行かせたいのですが……」という保護者の気持ちを尊重して、私は「まずは普通の学級に進学してみて、ついていけないようならその時点で、特別支援学級（または学校）に移られたらいいのでは……」という返事をしてきました。

　しかし、大学や就労支援機関で、大人になった発達障害者と接してきた経験から、現在は「もしかしてこの子は通常の学級では困るかも」と不安を感じたら、特別支援学校（または学級）をすすめることが増えました。通常の学校で学んできた発達障害児者が二次障害を発症し、苦しい生活を送っている様子を数多く見てきたからです。彼らは社会人としてのマナーや生活スキルを身につけてないことから、社会に適応できないでいます。通常の学級に進学しても大丈夫という決め手は、学力だけではないのです。

　もちろん、通常の学校（学級）に通っている発達障害の子どもでも、よい適応をしている子どももいます。すべての発達障害児に特別支援学校への進学をすすめるものではありません。表の各項目を進路を考える際の参考にしてください。

❶ 保護者が考える特別支援学校（または学級）に行かせたくない理由

①わが子が障害児だと思われるのがいや。

②一般に障害者は差別されているから。就職にも不利。

③特別支援学校に行くと、「障害者」として烙印を押されてしまうように感じる。まだ将来変わる可能性があるので、特別支援学校などに行かせたくない。

④通常の学校から特別支援学校へは簡単に行けるが、特別支援学校から通常の学校に戻るのは困難だと考えるから。

⑤自宅の地域から遠い学校に行くと、地域の子どもたちと遊ばせられなくなってしまうと思う。

⑥障害をもった子どもたちだけが集められて特別な学校にいくと、障害を持った子どもたちが特別の存在になってしまうから。地域にいろんな子どもがいるのが普通だから。

❷ 通常の学校に行くと、困ること

①発達障害のある子どもは途中から授業についていけなくなることが多い。それで、授業内容が理解できず、自己評価が低く、自信がなくなることがある。

②周囲に自分の能力が低いことを知られないようにするため、うそをついたり（作話）、困難なことがあると暴力的になったり、またときには不登校や引きこもりになることがある。

③発達障害を抱える子ども自身が、障害児を差別したり、「自分は障害者ではない」というプライドだけが高くなるばあいがあり、能力に合った進路をすすめると、「工場労働は大卒の自分の進学先にはふさわしくない」と自分の実力を認めることができない場合がある。

④通常の学校では身辺自立の指導は少ないので、基本的な生活スキルができていないことがある。

⑤通常の学校での授業は机上の学習が多く、仕事に必要なスキルが身についていないため、就業しても長続きできないことがある。

⑥就職できたばあい、障害者ではないと扱われるため、さまざまな配慮はなく、仕事を続けられなくなることが多い。

❸ 特別支援学校に行くと便利なこと

①身辺自立の指導もあるので、社会に受け入れられやすい。あいさつや返事のしかたなど職場で必要になるスキルを学ぶ機会が多い。

②個々に合ったレベルの学習内容で学ぶことができるので、学習内容が理解しやすい。

③受験勉強で追い立てられることが少ない。

④卒業後に必要なスキルを身につけられる。

⑤実習時間が多くあり、職場に慣れたり卒業後の進路に結びつきやすい。

⑥実技の授業が多く、手や体の使い方を身につけていくことができる。

⑦机上の学習だけでなく、土仕事や木工などの仕事があり、卒業後の進路に生かせる技能を学べる。

⑧能力差が小さいので、集中的ないじめは少ない。

⑨劣等感などから二次障害に陥ることが少ない。

⑩手帳や進路について経験を積んだ教員がいて相談しやすい。

2 アヤノさんのケース　小学校3年生・女子
通常学校に行き辛い毎日を送っている

　アヤノは、3歳まで言葉が出ず、周囲にもなじめない子どもでした。しかし療育の結果、家族とも話ができるようになり、親の強い希望で、小学校1年から通常の学校に通わせることになりました。

　家族とはよく話ができるのに、小学校では口数が少ない子でした。しかし成績もよく、小学校1年の担任教員からも「アヤノさんは、お返事の声が小さかったり、自分から友だちに話しかけたりはできません。しかし学習内容や担任の指示などはよく理解できていて、問題はありません」といわれていたので安心していました。

　一方、友だちとの交流は、面倒見のよい近所の同級生に親が「アヤノといっしょに遊んでね」とか「学校行くときに、迎えに来てください」などと頼んでいたため、近所の子どもと交流もできていました。

　3年生になったある日の朝、「私、学校に行かない」といい出し、それからはまったく登校しなくなりました。理由は、クラスの男子がいじわるをいうからということでした。子どもたちに様子を聞くと、元気のよい男子が「アヤノキモい」とからかい、アヤノが泣くので、からかいがエスカレートしていることがわかりました。

　その後、男子のからかいはなくなりましたが、アヤノは怖がって、学校には行っていません。車で学校のそばを通るだけで怖がります。相談室も同じ学校内にあるので行けません。家まで家庭教師に来てもらい、みんなに遅れたくないと4年の学習を続けています。

3 ヒロキさんのケース　中学1年生・男子
能力以上のことを求められ、暴力的に

　小学校時代のヒロキは、体格もよくクラスでも乱暴者でした。文字を読んだり書いたりすることが苦手で学習障害があるのではないかといわれていました。担任が勉強を教えようとしたり、親が宿題をさせようとすると、暴力をふるいました。授業中に何回も騒ぎ、そのクラスは学級崩壊の様を呈していたようです。学校側は困って、親に特別支援学校への転校をすすめましたが、「うちの子はLD（学習障害）で読み書き障害があるだけで、知的障害児ではないので」と断っていました。その後も授業に参加しないで飛び回っていることが多く、漢字が読めない、書けない、計算が苦手など授業内容の理解力はどんどん低くなってきたようです。

　6年生の時、小児科で診断してもらい、知的な遅れがあることがわかりました。それで中学からは特別支援学校に進ませたのです。それからのヒロキは、落ち着きをとりもどしていきました。

　特別支援学校での学習内容はヒロキのレベルに合った小学校低学年レベルになりました。そのためか授業にも落ち着いて参加できて、わかることがうれしくなり、学習への意欲もでてきているようです。また、授業は学習だけではなく、力持ちのヒロキが活躍できる外の園芸や、大好きな木工作業なども多くあり、授業が楽しみになっているようです。最近のヒロキは、顔つきもおだやかになり、暴力的な子という印象ではなくなっています。

4 ヤマトさんのケース 高校3年生・男子
IQは高かったが、からかわれ続けた

　ヤマトは130という高いIQを持つ子どもです。読んだり書いたりすることは、教えなくても覚えて、周囲を驚かせました。また記憶に優れ、電車の名前なども幼い頃からすぐ覚えてしまいました。パソコンやゲームを操作する能力も高く、ほとんどのことは取り扱い説明書を読んで、一人で理解できました。

　物おじせず（というより不適切になれなれしく）、だれとでも気軽に話ができましたが、相手の言葉の裏の気持ちを推測することが苦手なので、お世辞をいわれても気づかないなど、相手のいうことをそのまま信じて行動してしまいました。

　小学校高学年頃になると、クラスメートがヤマトをからかうようになりました。からかわれると、ヤマトはむきになって相手にとびついていきました。友だちづき合いをしてくれるのは、ヤマトより大人びたクラス委員などヤマトを守ってくれるような人だけでした。

　ヤマトは、通常の中学校に進学しました。学力は、小学校の中学年くらいまではテストも満点が多かったのですが、次第に英語や数学などの問題には、まったく手が出なくなっていったようです。しかし成績は全体のまん中くらいだったので、順調に高校に進学していきました。

　高校でもヤマトはからかいの対象でした。からかわれると、ヤマトが相手に殴りかかっていきます。興奮すると机をけったり、椅子を投げたりするので、騒ぎも大きくなってしまいます。また、授業内容の理解がむずかしくなり、席に座るのも苦痛になってきました。それで、高校の担任からは「なるべく教室には来ないで、保健室で過ごしなさい。卒業はさせてあげるから」といわれ、最近では登校も渋りがちです。

　ヤマトは、小学校から高校まで周囲からからかわれたことが心の傷になっているようです。何かのきっかけで過去のことを思い出すと、その時の感情もいっしょに思い出すようで、ほかのことが頭に入らなくなり、今からかわれているかのように、暴れて物を壊したりします。

バカにするな！

5 ハヤトさんのケース 25歳・男性
何もできない青年に育った

　ハヤトは広汎性発達障害と診断されています。両親の意向で小学校から高校まで通常の学校学級で過ごしてきました。自閉度が高く、自分から進んで何かするということがほとんどありませんし、自分の意思を強く主張することもありません。パニックを起こしても暴力的なところはなく性格もおだやかなので、周囲からも好かれていました。

　小学校から高校まで、面倒見のよい女子生徒が「ハヤト係」として面倒をみてくれたので、担任もそれほど手間がかかりませんでした。それで担任は親に「ハヤト君は、特別問題はありません」と伝えており、親は安心をしていました。

　高校卒業までは周囲のお世話でなんとかなったのですが、問題は高校卒業後のことです。就職試験で面接などで受け答えなどはむりなので、就職ができませんでした。保護者の意向で、障害者の手帳や年金などの申請はしていなかったので、障害者雇用もできません。しかたなく、家でぶらぶらして過ごしました。

　6年間、家で何もせず過ごしましたが、両親が一念発起して、作業所に入れることになりました。他人に何かをしてもらうことには慣れていますが、自分が考えて動くとか、あてにされるという経験が皆無だったので自主的な姿勢が見られませんでした。

　その上、通常の学校では、生活自立のための指導はなかったため、あいさつができない、ご飯はボロボロこぼしながら食べる、みんなのいる場所で着替えをしてしまう、始業時間に遅れるなど、基本的な生活態度ができていません。それで作業所では、働くことより、まずは生活態度を身につけてもらうことから指導を受けています。

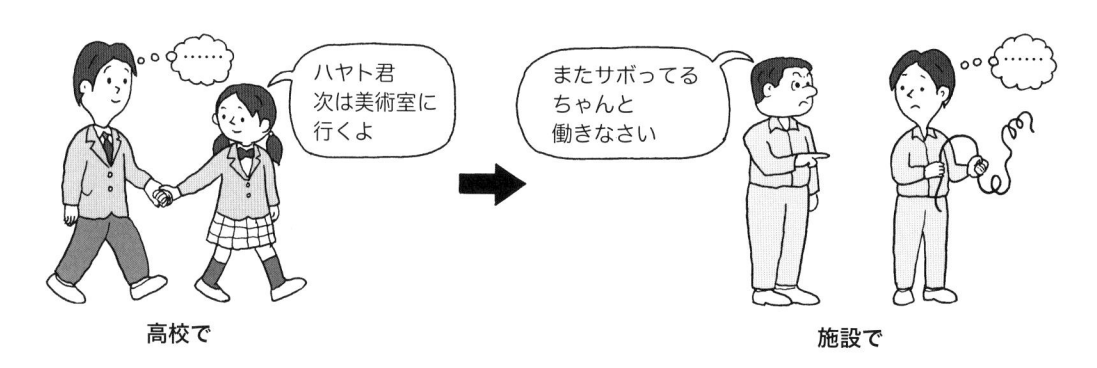

高校で → 施設で

（ハヤト君 次は美術室に行くよ）

（またサボってる ちゃんと働きなさい）

差別がなければ、特別支援学校に行きたがるケースが増える

　もし「自分の子どもが障害者」と認定されることが、メリットにつながることばかりだったらどうでしょうか？　行政から手厚い保護や支援を受け、周囲から大切にされるということになったらどうでしょうか？　また、特別支援学校と地域の学校との両方でもっと交流ができるようならどうでしょうか？

　そうしたらもっと、特別支援学校に行きたがるケースが増えると思いませんか。

　私の住んでいる福井県のある特別支援学校では、早くから知的な遅れがない発達障害の生徒を受け入れてきました。この学校は「病弱特別支援学校」で、もともと病院に併設されている入院患者のための病弱特別支援学校でしたが、全国に先駆けて発達障害の生徒を受け入れてきました。

　この学校には、病弱な生徒もいますが、うつや統合失調症などの生徒も学んでいます。「知的障害のない生徒のため」ということで、入学を決めるときほかの特別支援学校よりも少し受け入れやすいようですが、この学校にも定員があり、発達障害である入学希望者をすべて受け入れているわけではありません。

　他県でも、特別支援学校が知的な遅れがない発達障害生徒を受け入れることが広がってきているようですが、障害児者が大切にされたり有利な支援を受けられるとなれば、特別支援学校に対する保護者の認識も変化していくのではないかと思います。

　行政が障害を持つ人びとを大切にすれば、市民の意識も当然障害を持つ人びとを大切にする気持ちが芽生えてきます。また、現在も細々とおこなわれてはいますが、地域の学校に在籍しながら、特別支援学校で特別支援を受けるなどの方法も有効な選択肢です。さまざまな子どもたちが必要な教育支援を受けられる教育環境の整備が緊急の課題になっています。

親の会

　親の会とは当事者の親が参加し、自分たちの課題を自らの力で解決していくグループ活動の一つです。各地域にあります。

　発達障害者やその家族は孤独になりがちです。「周囲の理解が得られない」「話を聞いてもらえない」「話をしても相手にうまく伝わらない」といった理由から「相談相手がいない」と考えがちです。そうした孤独感を解消するためにも親の会への参加をおすすめします。

　親の会はそれぞれに特徴があり、その内容も多種多様です。茶話会のようなかたちで集うこともあれば、お花見やバーベキューなどの催しを開いたり、講師を呼んで勉強会を開いたりするところも多いようです。親と子の集まりを一緒にする会もあれば、当事者同士が集う会を別におこなっているところもあります。

　地域に根差した活動をおこなっている親の会を情報源として活用することもできます。学校での支援の状況や就職活動の様子などさまざまな話を聞くことができ、その地域ならではの制度や相談会なの有用な情報があるかもしれません。地域の就職情報など裏情報のようなものも聞けたりします。

　さらに親の会は、発達障害やその家族の立場から障害者が生きやすい社会に変えていく牽引車の役割も担っています。1人では何もできなくても、仲間とともに声をあげることで社会に変化を起こすことが可能になります。

　たとえば、地域障害者自立支援協議会というものがありますが、この協議会は親の会や福祉サービス事業所、市町村の各関係機関などで構成されていて、地域の障害者が自立するための課題にとりくんでいます。この協議会に当事者やその家族の要求を反映させるには親の会が活発に活動することが重要です。そうすることによって、地域が取り組むべき課題が明らかになり、支援の体制も整っていきます。

　地域の親の会に関する情報は市町村役場に問い合わせてください。いくつか連絡先を聞くことができます。親の会には事務局や連絡担当の人がいますので、その方に話を聞いてください。

●全国的なネットワーク

　発達障害の全国的なネットワークにはJDD（日本発達障害ネットワークの略称）があります。「NPO法人アスペ・エルデの会」「NPO法人えじそんくらぶ」「NPO法人EDGE」「全国LD親の会」「社団法人日本自閉症協会」の5つの団体が設立したネットワークです。こうした全国的な親の会のネットワークによっても、国レベルの課題がとりくまれています。

第7章

支援制度・福祉サービス

発達障害に関する法律や制度、
福祉サービスを紹介しましょう。
このようなサービスを利用することで、
生活が安定し、
就労する人も増えています。

1 発達障害者支援法

　身体・知的・精神の障害に対する制度はすでに1960年代から始まっていますが、そこから半世紀、親の会などの声を受けて発達障害児者の支援がスタートしました。

　まずは2002年、自閉症・発達障害者支援センター事業が始まりましたが、これは一部地域に限定されて設置され、根拠法がなく不安定な事業でした。2004年には「発達障害の支援を考える議員連盟」が超党派の国会議員で発足し、議員立法で「発達障害者支援法」(次ページ参照) が制定されました。

　発達障害者支援法（2005年施行）では発達障害の早期発見、国および地方公共団体の責務、支援のための施策や発達障害者支援センターについて規定されています。なかでも第2条では、発達障害者の定義が規定され、これまで不鮮明だった支援対象者がしっかりと明確化されています。

　「発達障害者支援法」によって発達障害が福祉法制度の対象となり、2007年には「学校教育法」が改正され「特別支援教育」がスタートしました。2010年に当時の「障害者自立支援法（現障害者総合支援法）」が改正され、障害者の定義にようやく発達障害が含まれました。

　このように発達障害児者をとりまく制度が次々と変遷し、ようやく発達障害児者に対する支援の基盤が整ってきました。障害者の制度を知り、各種の行政サービス、福祉事業を上手に利用することによって、生活の質を高めることもできるようになってきました。

●発達障害者支援法の定義

　法第2条では自閉症、アスペルガー症候群などが規定されており、その他の障害については施行令と施行規則に次のように規定されています。

- ・言語障害
- ・協調運動障害
- ・心理的発達の障害
- ・行動及び情緒の障害

　さらに細かい分類については、WHO世界保健機関が公表した「ICD-10」(「国際疾病分類」第10版。さまざまな病気を分類するための分類表)、APAアメリカ精神医学会が公表した「DSM-5」(「精神障害の分類と診断の手引き」第5版。「アメリカ精神医学会」で定義している精神疾患の分類と診断のマニュアルと基準) などに書かれています。

　発達障害はわかりにくい概念です。特性にはさまざまなものがあり、診断名もいろいろあります。おもな診断名としてあげられるのは広汎性発達障害や注意欠陥多動性障害、学習障害などですが、ほかにもレット症候群や小児期崩壊性障害、トゥレット症候群などあまりなじみのない診断名も含まれています。さらには発達障害と似た症状でも別の診断である可能性もあります。高次脳機能障害や若年性認知症、起立性調節障害や統合失調症などさまざまです。

　発達障害は広範な概念を含み、わかりにくい障害であるためにしっかりとした検査をしなければ医師でも診断に迷うケースがあります。学校の先生でも継続的にかかわりを持たなければその特性が見えないこともあり、個人や集団での活動など状況によってその特性も見え隠れします。そのため短期間の観察で支援の内容を組み立てるのは困難です。

　発達障害は色濃くでる個性と捉えることもできれば、社会適応への困難さの表れとして捉えることもできます。自ら工夫をして社会に適応している人もいますが、逆に人との適切なかかわり方がわからずパニックに陥る人もいます。こうしたわかりにくさから一般社会での認知はなかなか進みませんでした。

■発達障害者支援法

第1条　この法律は、発達障害者の心理機能の適正な発達及び円滑な社会生活の促進のために発達障害の症状の発現後できるだけ早期に発達支援を行うことがとくに重要であることにかんがみ、発達障害を早期に発見し、発達支援を行うことに関する国及び地方公共団体の責務を明らかにするとともに、学校教育における発達障害者への支援、発達障害者の就労の支援、発達障害者支援センターの指定等について定めることにより、発達障害者の自立及び社会参加に資するようその生活全般にわたる支援を図り、もってその福祉の増進に寄与することを目的とする。

第2条　この法律において「発達障害」とは、自閉症、アスペルガー症候群そのほかの広汎性発達障害、学習障害、注意欠陥多動性障害その他これに類する脳機能の障害であってその症状が通常低年齢において発現するものとして政令で定めるものをいう。

図①　それぞれの障害の特性

それぞれの障害の特性

自閉症
- 言葉の発達の遅れ
- コミュニケーションの障害
- 対人関係・社会性の障害
- パターン化した行動、こだわり

知的な遅れを伴うこともあります

広汎性発達障害

アスペルガー症候群
- 基本的に、言葉の発達の遅れはない
- コミュニケーションの障害
- 対人関係・社会性の障害
- パターン化した行動、興味・関心のかたより
- 不器用（言語発達に比べて）

注意欠陥多動性障害 ADHD
- 不注意（集中できない）
- 多動・多弁（じっとしていられない）
- 衝動的に行動する（考えるよりも先に動く）

学習障害 LD
- 「読む」、「書く」、「計算する」等の能力が、全体的な知的発達に比べて極端に苦手

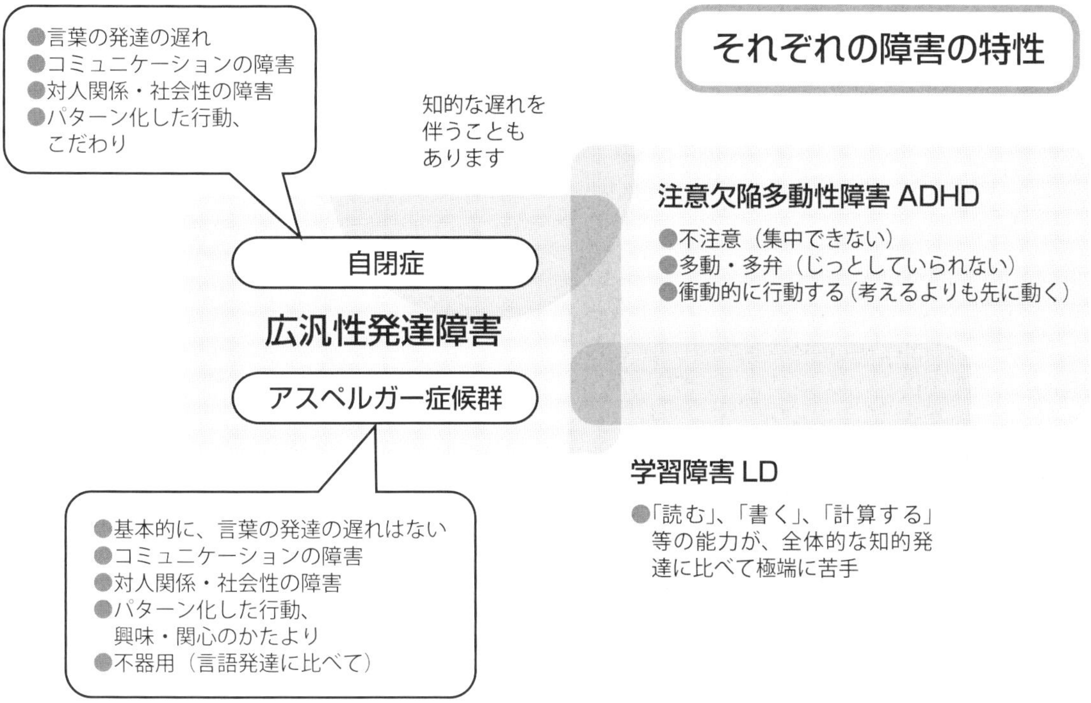

（発達障害情報センターホームページ「発達障害の理解のために」パンフレットより）

2 障害者雇用に関する制度

発達障害の就労に関する制度は大きく二つあります。一つは「障害者雇用に関する制度」、そしてもう一つは「福祉サービスに関する制度」です。

●雇用義務制度

障害者雇用促進法によって企業には障害者を雇う義務があります。雇用義務制度は、企業の従業員数つまり企業規模に応じて、障害者を雇う義務を企業に課すものです。

2013年現在、民間企業に2％、国や地方公共団体、特殊法人などには2.3％、都道府県などの教育委員会に2.2％の雇用義務があります。つまり民間企業では、50人に1人の割合で障害者を雇わなくてはいけないことになっています。

●障害者雇用納付金制度

障害者雇用に伴う企業側の経済的収支を調整するためにこの"雇用納付金制度"があります。これは従業員数が200人超（2015年4月より100人超）の企業に適用されるもので、"納付金"・"調整金"の2種類があります。

①納付金

雇用率未達成の企業は納付金を納めることになります。不足1人あたり月額5万円で、たとえば従業員数201人の企業は4人の障害者を雇う義務があり、もし3人しか障害者を雇っていない場合、1年あたり60万円を納付することになります。

②調整金

調整金は雇用率を超えて障害者を雇用している場合に支給されるものです。余剰1人あたり月額2万7000円で、たとえば従業員数201人の企業が5人の障害者を雇っている場合、1年あたり32万4000円の支給を受けられます。また、従業員数200人以下の企業にも"報奨金"（月額2万1000円）という名称で給付を受けることができます（図②）。

これまで雇用義務制度の対象は「身体障害」と「知的障害」であり、精神障害と発達障害は対象外とされていました。しかし2013年6月に改正障害者雇用促進法が成立し、発達障害を含む精神障害も雇用義務の対象となることが決まりました。今後は国民や企業も、より一層発達障害に関しての理解を得ることが大切となります。

改正法の施行は2018年からとなっており、そこから法定雇用率は上昇していきます。それに合わせて企業側も障害者雇用の動きを強めてくるものと思われます。

残念なことに、企業が考える障害者とは依然として"身体障害者"で、企業に雇用されている障害者のうち、精神障害者は5％程度です（知的な遅れのない発達障害者は精神障害者に含まれています）（図③）。

企業の人事担当者などは知的障害者や精神障害者についてはおおよその知識があるようですが、大人の発達障害者になるとまったく理解がないのが現状です。発達障害者は企業の戦力になります。そのことを企業にもっと知ってもらう必要があります。

図② 雇用納付金制度

雇用率未達成の事業主：納付金の徴収不足　1人あたり月額50000円

雇用率達成の事業主：調整金の支給超過　1人あたり月額27000円

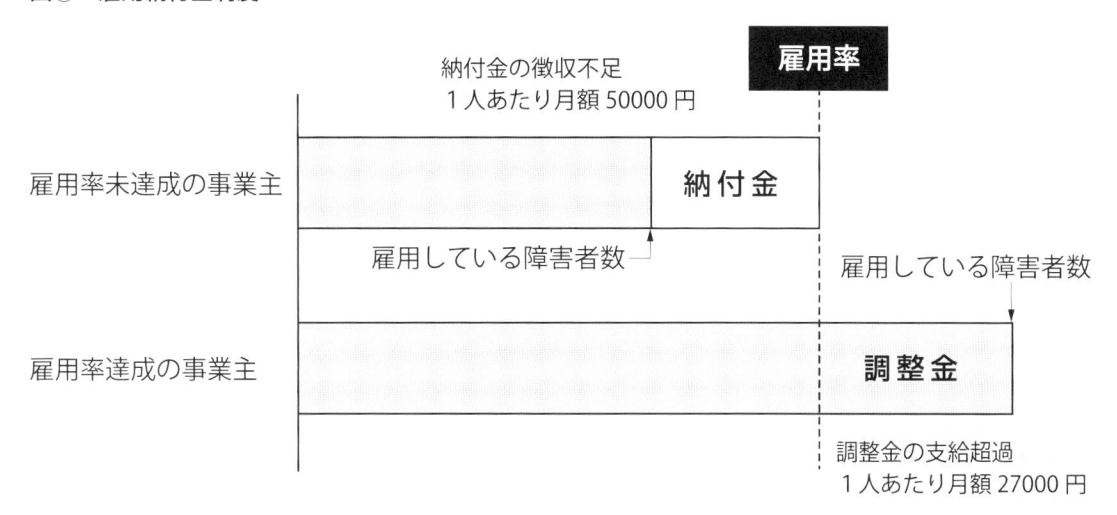

図③　平成24年障害者雇用状況

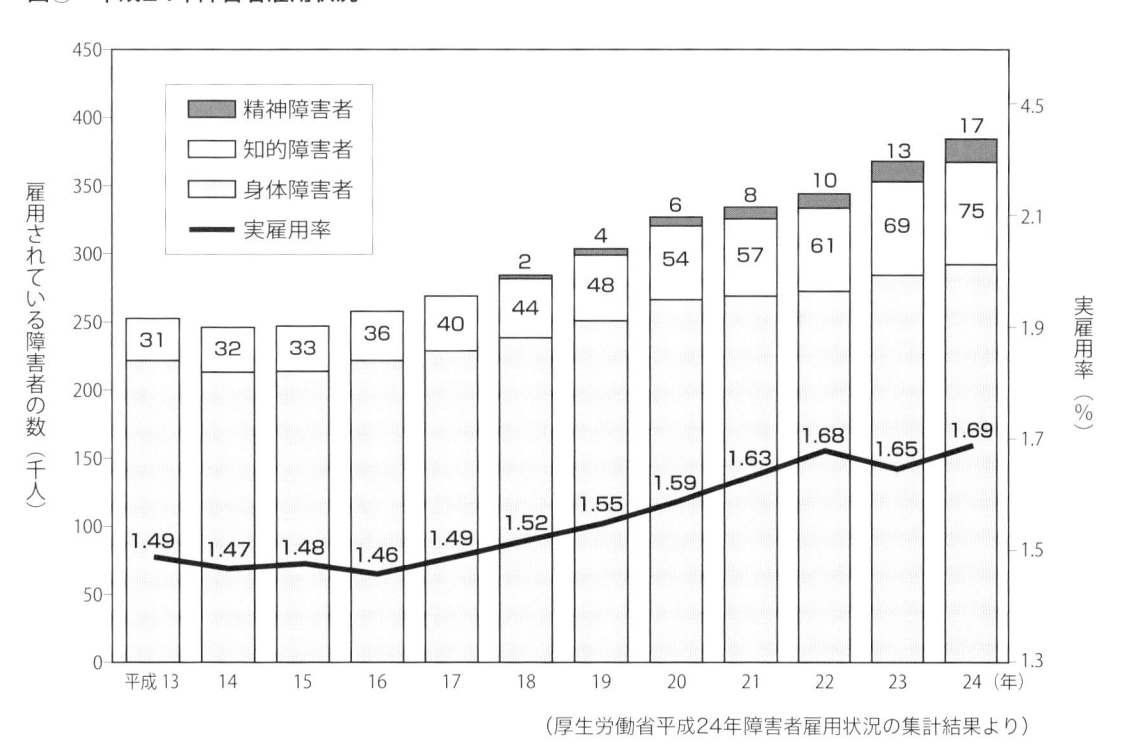

年（平成）	身体障害者	知的障害者	精神障害者	実雇用率
13		31		1.49
14		32		1.47
15		33		1.48
16		36		1.46
17		40		1.49
18		44	2	1.52
19		48	4	1.55
20		54	6	1.59
21		57	8	1.63
22		61	10	1.68
23		69	13	1.65
24		75	17	1.69

（厚生労働省平成24年障害者雇用状況の集計結果より）

3 福祉サービスに関する制度

福祉サービスは「障害者総合支援法（旧障害者自立支援法）」に基づいて提供されています。福祉サービスを受けるには市町村への申請が必要です。障害者手帳の有無は問いません。診断書などの情報をもとに、各市町村が受給の可否やサービスの内容を審査します。福祉サービスにはさまざまな種類があります。

●おもな福祉サービスの一覧

●居宅介護
入浴、排せつ、食事などの介護、調理、洗濯、そうじなどの家事や生活などに関する相談や助言など、居宅での生活全般にわたる援助が受けられます。

●行動援護
行動する際の危険を回避するために必要な援護、移動中の介護、排せつ、食事などの介護、その他必要な援助が受けられます。

●生活介護
障害者支援施設などで、主として昼間、入浴、排せつ、食事などの介護、創作的活動や生産活動の機会の提供や生活相談など日常生活の支援、身体機能、生活能力の向上のために必要な援助が受けられます。

●短期入所（ショートステイ）
障害者支援施設、児童福祉施設などへ短期間入所して、入浴、排せつ、食事などの必要な保護を受けられます。

●自立訓練（生活訓練）
障害者支援施設やサービス事業所に通ったり、自宅訪問によって、入浴、排せつ、食事などに関する自立した日常生活を営むために必要な訓練、生活相談などの支援を受けられます。

●宿泊型自立訓練
居室や設備を利用して、家事など日常生活能力を向上させるための支援、生活相談などの支援を受けられます。

●就労移行支援
就労を希望する65歳未満の障害者は、職場体験などの機会の提供、就労に必要な知識や能力の向上のために必要な訓練、求職活動に関する支援、就職後の職場への定着のために必要な相談など必要な支援を受けられます。

●就労継続支援A型（雇用型）
企業などに継続的に就労することが可能な65歳未満の人は、生産活動その他の活動の機会の提供など、就労に必要な知識や能力の向上のために必要な訓練など支援を受けられます。

●就労継続支援B型（非雇用型）
通常の事業所に雇用されることが困難な障害者、年齢や心身の状態などの事情で雇用継続されなかった人、就労移行支援によっても通常の事業所に雇用されなかった人、その他の通常の事業所に雇用されることが困難な人は、生産活動その他の活動の機会の提供など、就労に必要な知識や能力の向上のために必要な訓練など支援を受けられます。

●共同生活援助（グループホーム）
共同生活を営む住居で日常生活上の相談や援助受けられます。

＊くわしくは、厚生労働省ホームページ「障害福祉サービスの内容」をお読みください。

●その他の重度障害者向けなど福祉サービス

くわしくは市町村窓口までお聞きください。これら福祉サービスは事業ごとに施設が設置されていたり、複数の事業を一つの施設で運営したりする場合もあります。地域ごとの特色などもあります。

どのようなサービスをどこで受けたほうがよいのか、市町村窓口などで相談をしてから見学先や利用先を決めたほうがよいでしょう。

●就労移行支援のための事業所

ここは「働くための練習場所」の一つです。一般就労をめざす障害者が事業所に通います。利用期間は2年です。事業所に通い、作業などをおこなったり相談したりしながら2年以内に就労をめざします。障害者手帳の有無は問いません。

ここは働くための練習場所ですから、できる限り毎日通所することが望まれますが、徐々に通える日数を増やしたり、利用時間を延ばしたりするなど個別に柔軟な対応もとれます。事業所内に相談員がいますので、どのような通い方がよいのか十分相談しましょう。

作業内容は事業所ごとにさまざまですが、電子部品の組み立て、衣類の仕分け作業など物づくり関連の仕事、なかには畑仕事をする事業所もあります。働くための練習場所なので給料は出ませんが、工賃というかたちでわずかながら収入を得ることもできます。福井県の場合、1カ月の工賃は平均2万4000円です。

> ■実例の紹介■株式会社Kaien
>
> 株式会社Kaien（カイエン、東京）という企業は、発達障害に特化して就労移行支援事業をおこない、就労に向けて個人と企業を結びつける役割をはたしています。パソコン操作、コンピュータプログラミング、商品在庫や発送などの管理業務など一般企業でおこなうものとさほど相違ありません。
>
> コンピュータプログラミングの作業はとても繊細なもので、パズルのように数式を組み合わさなくてはいけません。プログラムを扱う人には些細な変化をとらえたり、数式を上手に扱ったりする能力が求められます。
>
> 発達障害は「こだわりの障害」ともいわれていますが、言いかえれば「ルールを厳密・厳格に守る」「情報管理が得意」「些細な変化をとらえる」ともいえます。こうした能力はプログラミングに必須です。Kaienは、発達の凸凹にあわせて得意な面を活用することで、高いパフォーマンスを引き出し、企業の戦力を要請しています。
>
> 発達障害というのは発達のしかたに凸凹があるもので、決して「発達が止まってしまう」ものではありません。特定の部分のみ発達がゆっくりになっているので、着実に成長する可能性も持っていますし、ときには抜きんでた能力を発揮する場合もあります。
>
> Kaienでは個人の持つ特性に着目し上手にマッチングをおこなうことで、個人・企業の双方にメリットを生み出しています。

●就労継続支援のA型事業所

「働くための練習場所」でもあり「働く場所」でもあります。就労移行支援事業と同じような体制ですが、「働く場所」というのがキーポイントです。「働く場所」なので雇用契約を結びます。労働基準法も適用され最低賃金が保障されます。労働者災害補償保険にも加入します。

A型事業所は「働く場所」であるため毎日の勤務が求められますが、1日4時間の短時間に設定するなど勤務形態を配慮したA型事業所もあります。ただし、社会保険に加入するためには週30時間ほどの労働が必要となり、週20時間ほどでは雇用保険には加入できません。年金保険や健康保険などの社会保険には加入できません。こうしたことも加味して勤務時間などを相談したほうがよいでしょう。

賃金は、勤務時間が長く時給も高ければそれなりの収入となりますが、1カ月の賃金は全国平均で7万円（2012年）ほどです。利用期間の制限はなく、継続して同じ場所で働き続ける人もいれば、さらにステップを踏み一般就労をめざす人もいます。賃金が7万円程度ですとそれのみで生活するのは困難です。そのため「障害年金」（124ページ参照）などを受給しながら生計を立てている人もいます。

> ■実例の紹介■野坂の郷
>
> 福井県敦賀市にあるA型事業所「野坂の郷」は、社会福祉法人ウエルビーイングつるがが運営し、パンなどの製造、販売をおこなっています。
>
> 事業所で商品を販売するほか、地元の学校や関連施設を支援員と巡回して訪問販売します。販売で得た利益は利用者の賃金に当てられます。
>
> 野坂の郷ではA型事業のほか、就労移行支援、生活介護などの事業もおこなっています。このように1つの事業所で複数の事業を運営するものを「多機能型事業所」といいます。全国の事業所は大体この「多機能型事業所」のかたちをとっています。就労移行支援からA型事業所へステップアップするのが一般的ですが、はじめからA型事業所を利用することも可能です。
>
> （野坂の郷ホームページより）

●就労継続支援のB型事業所

これも「働くための練習場所」の一つです。就労移行支援事業や就労継続支援A型事業を利用しても就職先が見つからなかった場合など、引き続き就労の機会や生産活動の機会を提供します。

利用期間に制限はありませんが、他事業と比べ工賃が低く、1カ月あたりの全国平均工賃は1万4000円（2011年度）です。

■実例の紹介■さくらハウス

NPO法人福井女性フォーラムが運営している「さくらハウス」も就労継続支援B型事業所です。発達障害者のための事業所で、木造2階建ての建物。見た目も家庭的な雰囲気ですが、いっしょに活動を支えてくれる支援者の人たちも親切で、家庭的な情緒にあふれています。作業内容は商品の梱包作業やカタログ作りなどをおこなっています。

事業所の中はいくつかの個室に分かれており、1人で作業をしたい人には個室での作業もできます。一般的な事業所ではこうした「個別の作業」ができない場合が多く、周囲の利用者との関係が構築できなければすぐに退所してしまうことも多いものです。

さくらハウスでは個室で単独の作業から始め、徐々に周囲との関わりを増やし、スモールステップで少しずつ目標を達成していきます。ほどよいチャレンジを重ねながらも過度な疲れを残さないよう支援しています。その絶妙なバランス加減からは多くを学ぶことができます。

（さくらハウスホームページより）

●生活訓練のための事業所

「生活をするための練習場所」です。働くための基盤である「生活」を整えていくものです。あいさつや身だしなみ、基本的な生活習慣などについてグループワークなどを交えた訓練をおこない、生活力を身につけていきます。利用期間は2年間で、その間に就労移行支援事業所など適切なステップ先を見つけていきます。

生活の練習場所なので工賃などはありませんが、中には作業をおこない、作業量に応じて工賃を出すところもあります。

●生活介護のための事業所

ここは支援を受けながら生活をする場所です。自宅から事業所に通い、創作活動などの作業をおこないます。日常生活に必要な入浴や食事などの支援も受けます。グループでゲームを楽しんだり、季節ごとにお花見やクリスマス会などが開かれます。

自宅にこもり切りでは、生活リズムが乱れがちです。定期的に通所することによって着替えなどの身だしなみにも注意することができ、生活にメリハリがつきます。

●共同生活援助の場所（グループホーム）

4人から6人程度の少人数で共同生活を営みます。住まいのない単身者などが支援を受けながら生活します。世話人がいっしょに居住生活し、日常の支援をおこなっています。

小人数での共同生活なので、食事の準備や共用部分のそうじなどは交代制で役割分担しておこないます。利用料は月5万円から6万円ほど。おおよそ障害基礎年金支給額の範囲内で支払いが可能になっています。また、個人の収入や障害支援区分などによって負担限度額などが変わってくるため、詳細は市町村役場などでお問い合わせください。

●地域活動支援センター

ここは「日中に過ごす場所」です。働くための練習場所ではありませんので、とくに訓練をすることもありません。そのため工賃もありませんし、利用期間も制限がありません。基本的に自由なときに来て、自由なときに帰ってよいところです。漫画の本が置いてあったりゲーム機が置いてあったりするので、自由に楽しみながら過ごせます。自宅で過ごすよりは外で活動をしたいという人が利用します。

センターによっては日中のプログラムが用意されていたりしますが、グループでの活動になると

集団が苦手な人にはなかなか利用しづらい面があります。そんなときは事情を説明して、少し離れた場所で一人の時間を過ごすなど工夫をします。事前に相談員にプログラム内容などを聞き、活動に参加できそうかどうかを尋ねるとよいでしょう。

●居宅介護のためのサービス

ホームヘルパーが自宅を訪問し、家事などを手伝ってくれます。一人暮らしの方が多く利用しています。発達障害者の中には極端に整理整頓が苦手な方がおり、部屋中にゴミが散乱してしまう人もいます。居宅介護を利用すれば定期的に部屋が片付くため快適になり、その分ほかのことに力を注ぐこともできるようになります。

利用料は訪問1回につき数百円程度のところが多いようです。所得に応じて月額の負担上限額もありますので、高額な支払いになることはありません。

●福祉サービス受給者証

福祉サービスを利用するには、まずは市町村窓口へ行き、地域にどのようなサービスがあるかを相談します。自宅から通いやすい事業所、特性に合ったサービスなどが受けられるかどうかをよく聞きましょう。

いくつか事業所を訪問し、その場にいる人の雰囲気や建物の様子を感じ取ります。言葉だけではわかりにくい"匂い"や"音"、"光"などの環境も様子を知ることができますし、ほかにどのような利用者がいるかもわかります。

その事業所の利用を希望するのであれば、事業所内に相談員がいますので、その人に利用希望の旨を伝え、あらためて面接の日取りや実習体験などの予定を決めることになります。面接や実習体験などを体験して、双方が合意すれば正式に利用契約を結ぶことになり、市町村の福祉課で受給者証が発行されます。

受給者証の発行には医療機関の診断書(発行までの期間や料金は医療機関にお問い合わせください)を市町村の窓口(福祉課など)に提出して、利用希望の施設名と希望するサービス名(就労移行支援や就労継続支援A型など)を伝えます。事業所の相談員などが市町村窓口に同行したり電話連絡をしてくれたりと支援してくれます。わからないことは事業所の相談員や市町村窓口の人に聞きながら手続きを進めます。

市町村窓口では、調査票にもとづいて80項目ほどの聞き取りがあります。調査といっても簡単な○×式のアンケートのようなものなので、ありのままを話すようにしましょう(ただし居宅介護など一部サービスを利用する際は事前調査として調査員が自宅を訪問し、生活状況の様子を見る場合があります)。

調査が終わると医師からの診断書と調査結果をもとに市町村の審査会で支給・不支給の判定がおこなわれます。支給決定されますと数週間で受給者証が交付されます。

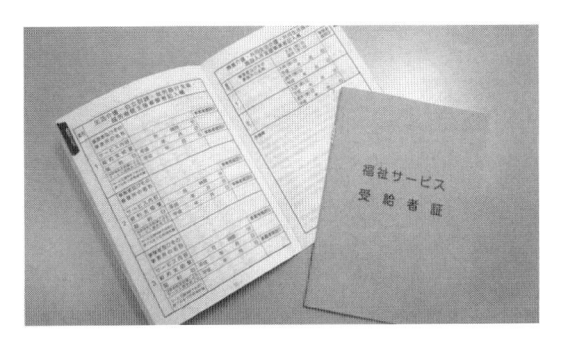

福井市で使用されている福祉サービス受給者証

4 生活に深くかかわる制度

●障害者手帳制度

　障害者手帳には三つの種類があります。身体障害者に交付される「身体障害者手帳」、知的障害者に交付される「療育手帳」（自治体ごとに愛の手帳など呼称が違う場合もあります）、精神障害者に交付される「精神障害者保健福祉手帳」です。

　いまのところ発達障害者に特化した手帳制度はありませんが、知的な遅れのある方は「療育手帳」、知的な遅れのない場合は「精神障害者保健福祉手帳」の申請が可能です。

　知的障害と発達障害はよく似た概念なので混同しがちですが、２つは異なる障害です。障害者手帳や障害年金の制度ともなると申請方法も異なりますので注意が必要です。

　知的障害は法制度上定義がありません。概念としては「全般的に学習能力の低下がみられ、知的活動を伴う作業などに困難さがみられる」ものです。

　発達障害でも知的な遅れを伴うことはありますが、高学歴でとても優秀な学歴の方も多いです。大きな違いとして能力の偏り、デコボコの存在があります。

　発達障害は「一部の能力のみが極端に低下している」ものです。得意・不得意のデコボコが存在します。優秀な能力を持つ者も多いため、周囲からは気づかれにくくなっています。学習に問題はない、会話する能力にも問題はない、それなのに忘れ物がとても多かったり、とつぜん場の空気を乱すような発言をしてしまったりします。

❶「療育手帳」

　療育手帳は知的な遅れのある方を対象に交付されるものです。自治体により名称が異なる場合があります。交付を受ける場合には児童相談所または知的障害者更生相談所で判定を受ける必要があります。判定後にその障害程度に応じて定められた等級の手帳が交付されます。自治体ごとに等級の分け方や表示に違いがありますが、障害程度の重い順に「A1」「A2」「B1」「B2」などと４つほどの等級に分かれていることが多いようです。A1が最重度で、B2が軽度です。更新までの期間はおおよそ５年ほどです。

　表はおおよその目安です。都道府県により区分などは違いますので、お住まいの市町村役場などで問い合わせください。

障害程度	手帳区分	手帳区分
最重度	A1など	おおよそIQ20以下
重度	A2など	おおよそIQ35以下
中度	B1など	おおよそIQ50以下
軽度	B2など	おおよそIQ75以下

　申請は市町村役場の福祉課などでおこないます。聞き取り調査や発達検査などをして、判定します。

　福井県では「A1」から「B2」まで４つの等級に分かれており、おおよそ知能指数（IQ値）75以下の方で生活に困難さが生じている方を対象に療育手帳を交付しています。知能指数の測定にはビネー式知能検査や、ウェクスラー式知能検査などが使用されています。

　知的障害者福祉法には知的障害の定義は明記されていませんが、先天性の発達遅滞で生活に困難さが生じている場合に交付されます。ただし、交通事故や脳炎、認知症など後天的に知的機能が低下した場合には対象になりません。

❷「精神障害者保健福祉手帳」

　精神障害者保健福祉手帳も市町村役場の福祉課などで申請をします。申請の後には審査会があり、その審査会で交付決定や等級などが話し合われます。

　等級は1級から3級まであり、1級が重度で3級が軽度です。発達障害の診断の場合、おおよそ２級や３級の手帳が交付されることが多いようです。更新までの期間は２年です。

　この手帳は精神障害者の手帳なので、発達障害の診断では申請ができないケースがありましたが、2011年に厚生労働省から通知が出され、発達障害者も審査の対象に含まれることが明示されました。ようやく法の狭間で手帳を持てなかった

人たちが、申請できるようになったのです。

精神障害者保健福祉手帳申請までの待機期間

精神障害者保健福祉手帳を申請するためには初診日より6カ月以上経った時点での診断書が必要となります。つまり手帳を取得するには通院が必要で、診断が確定してから6カ月以上待たなくてはいけません。

精神障害は後天性であるため寛解（治癒）する可能性があります。そのため症状が一定の状態に安定し、障害の状態が固定するまでに6カ月ほどの期間を置くことになっています。そのため手帳の申請は初診日より6カ月以上待たなくてはいけないのです。

発達障害は先天性の障害であるため、診断が出たらすぐに申請をしてもよいはずです。ところが制度上は精神障害に含まれているため、やはり6カ月以上待たなくてはいけません。障害者雇用で就労したい企業があっても、手帳を取得するまでは待つしかなく、場合によっては待っている間に雇用を取り逃がすこともあります。

手帳の更新期間も療育手帳とおなじ5年間に改正する必要があります。精神疾患では病状の変化はありますが、発達障害の特性は大きく変化するものではないため、頻繁な更新は必要ないでしょう。

障害者雇用での就労を考える際はこの「6カ月の待機期間」も考慮して、時間に余裕を持って申請するようにしてください。

■精神障害者保健福祉手帳判定基準

等級	状態など
1級	精神障害であって、日常生活の用を弁ずることを不能ならしめる程度のもの （発達障害によるものにあっては、その主症状が高度であり、その他の精神神経症状があるもの） 1　調和のとれた適切な食事摂取ができない。 2　洗面、入浴、更衣、清掃等の身辺の清潔保持ができない。 3　金銭管理能力がなく、計画的で適切な買物ができない。 4　通院・服薬を必要とするが、規則的に行うことができない。 5　家族や知人・近隣等と適切な意思伝達ができない。協調的な対人関係を作れない。 6　身辺の安全を保持したり、危機的状況に適切に対応できない。 7　社会的手続をしたり、一般の公共施設を利用することができない。 8　社会情勢や趣味・娯らくに関心がなく、文化的社会的活動に参加できない。 （上記1～8のうちいくつかに該当するもの）
2級	精神障害であって、日常生活が著しい制限を受けるか、又は日常生活に著しい制限を加えることを必要とする程度のもの （発達障害によるものにあっては、その主症状が高度であり、その他の精神神経症状があるもの） 1　調和のとれた適切な食事摂取は援助なしにはできない。 2　洗面、入浴、更衣、清掃等の身辺の清潔保持は援助なしにはできない。 3　金銭管理や計画的で適切な買物は援助なしにはできない。 4　通院・服薬を必要とし、規則的に行うことは援助なしにはできない。 5　家族や知人・近隣等と適切な意思伝達や協調的な対人関係づくりは援助なしにはできない。 6　身辺の安全保持や危機的状況での適切な対応は援助なしにはできない。 7　社会的手続や一般の公共施設の利用は援助なしにはできない。 8　社会情勢や趣味・娯らくに関心が薄く、文化的社会的活動への参加は援助なしにはできない。 （上記1～8のうちいくつかに該当するもの）
3級	精神障害であって、日常生活若しくは社会生活が制限を受けるか、又は日常生活若しくは社会生活に制限を加えることを必要とする程度のもの （発達障害によるものにあっては、その主症状とその他の精神神経症状があるもの） 1　調和のとれた適切な食事摂取は自発的に行うことができるがなお援助を必要とする。 2　洗面、入浴、更衣、清掃等の身辺の清潔保持は自発的に行うことができるがなお援助を必要とする。 3　金銭管理や計画的で適切な買物はおおむねできるがなお援助を必要とする。 4　規則的な通院・服薬はおおむねできるがなお援助を必要とする。 5　家族や知人・近隣等と適切な意思伝 8　社会情勢や趣味・娯らくに関心はあり、文化的社会的活動にも参加するが、なお十分とはいえず援助を必要とする。 （上記1～8のうちいくつかに該当するもの）

（2011年厚労省通知「精神障害者保健福祉手帳の障害等級の判定基準の一部改正について」より）

障害者手帳を持つメリット

所得税控除や住民税控除、相続税控除などの税控除があります。これらは税ごとに細かく規定があります（詳細については市町村役場や税務署などに問い合わせください）。

博物館や美術館といった公共施設の利用料などが割引になったり、タクシーやバスなどの公共交通機関の割引、NTT番号案内料金や携帯電話代が割引になったりします（市町村ごとにサービス内容が異なります。詳細については市町村役場に問い合わせください）。

一番大きなメリットは「障害者雇用の算定枠」（114ページ参照）に入ることです。これらのメリットを考慮したうえで、障害者手帳を申請するかどうかを考えていきます。

障害者手帳を持つデメリット

（1）民間の医療保険などは通院経歴の申告が必要となる保険商品もありますので、時に手帳を所有しているだけで保険の加入を断られる場合があります。中には通院をしていても加入が可能な保険商品もあり、保険会社や保険商品によってその扱いはまちまちです。保険商品ごとに確認をしていく必要があります。

（2）本人の自尊心が傷つく場合があります。どんな人でも障害を受容するまでには落胆や葛藤、怒りなどさまざまな感情の起伏にさらされます。障害者雇用で働きたくても、障害者手帳の取得となるとプライドが傷つくこともあり、そのため障害を受容するまでにある程度の期間が必要となる場合もあります。

（3）障害者雇用が企業に浸透するにつれて、企業内では手帳を持っている人のなかでも"より有能な人材"を求めるようになってきています。つまり手帳を持っている人同士で就職戦線を戦わなくてはいけなくなっています。

障害者手帳の取得には、こうしたことも踏まえてじっくり考えてください。

●障害者自立支援医療

医療制度の一つで、この自立支援医療を申請すると医療費（入院医療費は除く。健康保険などは医療費の3割負担）が1割負担に軽減されます。通院先に相談をして診断書を発行してもらい、申請書と合わせて市町村窓口に提出します。しばらくすると受給者証が届きますので、通院の際は保険証といっしょに受給者証を通院先窓口へ提示するようにします。

継続して通院が必要な場合など医療費が高額になる人には大きなメリットがあります。残念なことに、この制度について病院から説明がない場合もあります。もし定期的に通院し服薬しているしているのであれば、病院に確認し、相談してください。

●重度障害者医療費助成

全国の市町村ごとにおこなわれている制度で、重度の障害者に対して入院・通院の医療費や、訪問看護、補助具購入費などの助成をおこなっています。市町村ごとにその内容は違いますが、実質医療費が無料になる、1回の通院ごとに100円を支払うなど経済的な負担が大きく軽減します。

対象者は療育手帳「A1」「A2」や精神保健福祉手帳1級・2級の交付を受けている人など、比較的重度の障害者となります。所得によっては制限がかかる場合もあります（各市町村の制度になりますので、くわしくは市町村役場に問い合わせください）。

●訪問看護

地域にある訪問看護ステーションなどから、看護師や精神保健福祉士が定期的に自宅を訪問します。病気や障害など身体の状態を観察したり、ちゃんと薬を飲むことができているか服薬管理などをおこなったりします。「見守り」「声かけ」などを通して、

会話しながら心的ケアをおこなったりもします。

ひきこもりの状態で服薬の必要がある場合などは通院といっしょに訪問看護も利用したほうがよいでしょう。社会との接点を少しでも広げることが大切です。ひきこもりではなくとも重度のうつを併発している場合などは見守りも兼ねて利用したりします。

この訪問看護制度を利用するためには通院先で医師に相談をします。医師の指示により訪問看護ステーションなどに連絡が入り、制度を利用することになります。費用は医療保険が適用されますので1回の訪問につき数百円程度です。

●日常生活自立支援事業

社会福祉協議会の生活支援員が福祉サービスの利用に関する相談を受け、日常の金銭管理などをおこなってくれたり、大切な書類を預かってくれたりします。認知症の高齢者や、生活が困難な障害者の方が対象です。手帳の有無は問いません。計画的にお金を使うことができずに困っている場合や、通帳などの大切な書類を失くしたりしてしまう方は利用を考えてみてもよいでしょう。施設に入所している方や入院中の方でも利用することができます。

定期的に生活支援員が自宅を訪問し、公共料金などの支払い、預貯金の出し入れなどをおこなってくれます。福祉サービス利用の際にも契約代行などをおこなってくれます。

初回相談は無料ですが、利用には1回の訪問などで千円程度の費用がかかります（くわしくは地元の市町村社会福祉協議会までお問い合わせください）。

●成年後見制度

これは認知症などの疾患や障害のために判断能力が不十分な方が利用する制度です。預貯金や不動産などの財産を管理したり、福祉サービス事業所との契約などあらゆる契約行為について支援する制度です。

成年後見制度は法定後見制度と任意後見制度の2つに分かれています。法定後見制度は知的障害や精神障害などで判断能力が低下しているときに利用します。任意後見制度は認知症など徐々に症状が悪くなる場合に、あらかじめ後見人を決めておける制度です。

本人の判断能力に応じ、「後見」「保佐」「補助」と支援体系は3つに分かれています。軽い障害など判断能力が不十分な場合には補助人、逆に重い障害で判断がまったくできない場合などは後見人となります。

福祉サービスの契約や不動産の売買などは補助人、契約行為の取消などは保佐人、本人の行為全般の代理は後見人といった具合です。

利用するにはまず法テラスや成年後見センターリーガルサポートなどで後見制度にくわしい人を紹介してもらいます。現在、後見制度については弁護士や司法書士が手続きをすることが多いようです。

その後ご本人や家族、支援をする人などを交えて相談をしながら、具体的な申し立て内容を作成していきます。準備が整ったら家庭裁判所に申し立てをします。

図④　成年後見制度

類型	後見人	保佐人	補助人
対象になる人	精神上の障害により事理を弁識する能力を欠く状況にある者	精神上の障害により事理を弁識する能力が著しく不十分な者	精神上の障害により事理を弁識する能力が不十分な者
鑑定の要否	原則として必要		原則、診断書等で可
申立人	本人、配偶者、四親等内の親戚、市町村長等		
申立時の本人の同意	不要		必要
同意（取消）権の範囲	日常生活に関する行為以外の行為	民法13条1項に定める行為	民法13条1項に定める行為の一部（本人の同意が必要）
代理権の範囲	財産に関する法律行為の代理権と財産管理権	申立の範囲内で、家庭裁判所が定める特定の法律行為（本人の同意が必要）	

裁判所でくわしく事情を説明し、必要に応じて精神鑑定がおこなわれます。その後裁判所が制度利用について判断をおこない、利用が開始されます。費用は印紙代、登記費用、鑑定費用や報酬など含めて数万円から20万円ほどです。

●障害年金

一般にはあまり知られていないのですが、障害年金という制度があります。老齢年金と同じで2ヶ月ごとに年金が支給される制度です。

障害年金は「障害基礎年金」と「障害厚生年金」の2つに分けられ、初診日にどちらの保険に加入していたかで申請する年金が決まります。障害年金を受給するためにはおおよそ次の要件に該当する必要があります。
・初診日に年金保険に加入していた。
・障害認定日に障害に該当する状態だった。
初診の月の前々月までに、未納が3分の1未満に該当してはじめて障害年金の申請が可能になります。
もしこれから病院の初診にかかろうとしている場合は、あらかじめ年金の納付要件が揃っているかどうか確認をしたほうがいいでしょう。場合によっては、あとで年金申請ができなくなる可能性があるからです。

障害認定日

障害認定日とは、初診日から1年6カ月経った日のことです。障害年金制度は事故やけがなどで身体に障害を残した人なども対象となるため、障害が固定するまでの期間を一律に1年6カ月と定めています。精神疾患なども寛解といって、ほぼ治癒したものの一定程度障害が残っている場合に、この障害年金の対象となります。そのため基本的に障害年金の申請は初診日から1年6カ月経過後におこなうこととなります。

一方、知的障害の場合は先天性であるために障害認定日は20歳誕生日の前日となりますが、知的な遅れのない発達障害の場合は先天性であっても初診日から1年6カ月経過するのを待たなくてはいけません。もし20歳前に初診日がある場合はその初診日から1年6カ月経過後かつ20歳誕生日の前日から障害年金の申請が可能となります。

年金の等級

障害基礎年金は1～2級、障害厚生年金は1～3級まであります。障害年金1級の障害程度はおおよそ「常時の援助が必要な場合」、障害年金2級の障害程度はおおよそ「日常生活に著しい制限がある場合」になっています。つまり"働けるか否か"ではなく、日常生活にどの程度の困難さがあるかによってその判断が分かれるということです。これは障害基礎年金も障害厚生年金も同じ基準で障害程度が設定されています。

働けている場合でも生活に困難さが生じているときは年金を受給する方がいます。逆に、働けない場合でも生活がある程度整っており自立しているときは年金を受給できない方もいます。年金の支給決定については一律に判断するのではなく、個別に判断をしていますので、少しでも迷いが生じたら医師や市町村役場、年金機構に相談をしましょう。

ちなみに障害厚生年金3級の障害程度はおおよそ「労働に著しい制限がある場合」です。こちらは日常生活に支障はなくとも労働に制限がある場合は支給される可能性があります。

発達障害の障害認定基準については2011年に厚労省から通知がでていますので、そちらを参考にしてください。

●障害年金障害認定基準

●発達障害

（1）発達障害とは、自閉症、アスペルガー症候群その他の広汎性発達障害、学習障害、注意欠陥多動性障害その他これに類する脳機能の障害であってその症状が通常低年齢において発現するものをいう。
（2）発達障害については、例え知能指数が高くても社会行動やコミュニケーション能力の障害により対人関係や意思疎通を円滑に行うことができないために日常生活に著しい制限を受けることに着目して認定を行う。
　また、発達障害とその他認定の対象となる精神疾患が併存しているときは、併合（加重）認定の取扱いは行わず、諸症状を総合的に判断して認定する。
（3）発達障害は、通常低年齢で発症する疾患であるが、知的障害を伴わない者が発達障害の症状により、はじめて受診した日が20歳以降であった

場合は、当該受診日を初診日とする。
(4) 各等級に相当すると認められるものを一部例示すると次のとおりである。

障害の程度	障害の状態
1級	発達障害があり、社会性やコミュニケーション能力が欠如しており、かつ、著しく不適応な行動がみられるため、日常生活への適応が困難で常時援助を必要とするもの
2級	発達障害があり、社会性やコミュニケーション能力が乏しく、かつ、不適応な行動がみられるため、日常生活への適応にあたって援助が必要なもの
3級	発達障害があり、社会性やコミュニケーション能力が不十分で、かつ、社会行動に問題がみられるため、労働が著しい制限を受けるもの

(5) 日常生活能力等の判定に当たっては、身体的機能及び精神的機能を考慮のうえ、社会的な適応性の程度によって判断するよう努める。
(6) 就労支援施設や小規模作業所などに参加する者に限らず、雇用契約により一般就労をしている者であっても、援助や配慮のもとで労働に従事している。

　したがって、労働に従事していることをもって、直ちに日常生活能力が向上したものと捉えず、現に労働に従事している者については、その療養状況を考慮するとともに、仕事の種類、内容、就労状況、仕事場で受けている援助の内容、ほかの従業員との意思疎通の状況等を十分確認したうえで日常生活能力を判断すること。

(2011年厚労省通知「国民年金・厚生年金保険障害認定基準の一部改正について」より)

障害年金支給金額

　障害基礎年金2級の年額は78万6500円（2012年度）で、この金額を基準として障害基礎年金1級はその1.25倍の98万3100円です。年金は2カ月ごとに2カ月分ずつ支給されます。

　一方、障害厚生年金の支給額（報酬比例の年金額）は、在職中の標準報酬月額と保険料を納めた保険期間によって変化します。

　障害厚生年金制度のなかには「障害手当金」というものもあります。障害厚生年金4級のようなもので、年金支給とまではいかなくとも症状が固定化し障害がある場合に支給されます。支給額は報酬比例の年金額2年分、一時金として支給されます。

　この障害年金制度については知らない方が多いようです。少しでも受給の可能性があるのであれば、かかりつけの医療機関、お住まいの市町村や年金機構に相談しましょう。

　まずは初診日に加入していた保険が、国民年金もしくは厚生年金のどちらにあたるのかを確認しましょう。厚生年金の場合は年金機構で申請をおこないます。国民年金の場合は市町村役場でも申請が可能です。

　年金機構などでひと通り説明を受け、申立に必要な書類一式が渡されます。それらの書類を持って通院先に診断書の作成の依頼をします。書類ができ上がりましたら申立書を添えて請求をおこないます。

　申請そのものは無料ですが、受診状況などの証明書や診断書の発行、住民票などで1万円程度の費用がかかります。申請後は審査会を経て、支給開始もしくは不支給となります。障害年金は非課税で、以後の保険料支払いも免除申請が可能となります。

図⑤　障害年金支給額

	障害基礎年金（2012度）	障害厚生年金（2012年度）
1級	786,500円×1.25＋子の加算額	（報酬比例の年金額）×1.25＋配偶者の加給年金額
2級	786,500円＋子の加算額	（報酬比例の年金額）＋配偶者の加給年金額
3級		（報酬比例の年金額）　※最低保障額　589,900円
その他	子の加算額… 第1子・第2子　各226,300円 第3子以降　　　各75,400円	障害手当金（報酬比例の年金額）×2 ※最低保障額　1,150,200円

オープンとクローズ

手帳所持や診断名などを企業に伝えて就労することを「オープンで就労する」といいます。
逆に診断名や手帳を持っていることを伏せたまま就労することを「クローズで就労する」といいます。就職の際、障害を打ち明けた方がよいのか迷うことがあります。

●オープンのメリット
あらかじめ障害特性について企業に伝えるため、周囲の理解が比較的早く、仕事内容についても配慮してもらえる可能性があります。配慮されれば、体力面やメンタル面の負担が大きく軽減されます。ジョブコーチ（127ページ参照）などの介入もしやすくなります。継続的な就労の一つの条件と考えられます。

●オープンのデメリット
手帳の交付を受けていなければ採用がむずかしくなることです。書類選考などで落とされることが多く、面接を受けることができても理解を得ることができないまま不採用となることがとても多いです。手帳の交付を受けたとしてもすぐに就職先が見つかるわけではありません。手帳は就職の選択肢を増やすことにはなりますが、手帳を持っているから採用されるわけではありません。採用されても賃金が低く、昇給がないこともあります。さらに責任ある仕事は任されにくくなり、"周囲との差"を感じるケースがたくさん報告されています。

●クローズのメリット
周囲と同等に扱ってもらえるのでプライドが保たれ、時には管理職などの責任ある仕事も任されるようになります。その分収入も高くなります。場合によっては秀でた能力を発揮し高収入を得ることもあります。

●クローズのデメリット
仕事内容に特別な配慮などはないので、当然成果を出さなくてはいけません。もちろん体力面やメンタル面でも負担が大きく、周囲への気遣いなどができないと"態度が悪い"などと指摘をうけることもしばしばあります。そのため退職勧奨されたり解雇されたりしやすい面があります。

周囲に診断名を内緒にしているので、当然ジョブコーチなどの介入はできません。その他の相談員も職場での様子を見ることができないので、仕事上の相談もしにくくなります。

最近では、障害者雇用を積極的に進めている企業もあります。そのため障害者手帳を取得することで選択肢を増やすこともできます。手帳を取得することには抵抗感もあると思いますが、就労の選択肢を含め考えますと手帳の取得にも大きなメリットがあると考えています。

5 発達障害者の就労に関する機関

●公共職業安定所

公共職業安定所はハローワークの愛称でよく知られています。ハローワークはよく中途退職者向けの相談窓口と思われがちですが、最近は大学新卒者・学卒者対応の窓口などもあります。そしてあまり知られていないのが専門援助部門でおこなわれている特定求職者に対する相談や職業紹介などです。

特定求職者とは65歳以上の高齢者や外国人、そして障害者などです。専門援助部門の求職登録は一般窓口の求職登録とは別になっており、専門援助部門で求職登録をするには原則として医師の意見書や診断書、もしくは障害者手帳が必要になります。求職登録をすることによって非公開の求人票を閲覧でき、障害者合同面接会などの情報を入手することができます。

また、発達障害などで困難さを持つ人に対しては、全国の主要なハローワークに「就職支援ナビゲータ」が配置されています。より専門的な支援に応じていますので、相談してみるのも良いでしょう。ほかに企業向けの補助金制度などの情報もあり、ハローワークで相談をしながら就職活動をすると選択肢が広がります。

●地域障害者職業センター

障害者雇用促進法にもとづいて設置されている専門機関です。障害のある方や企業の方に対し、就職に関する相談や就職後のフォローアップをおこなっています。発達障害のみならず、身体障害、知的障害、精神障害と幅広く支援をおこなっています。障害者を対象としていますので、基本的には医師の診断がでている場合などに利用することができます。

相談には障害者雇用促進法で定められている「障害者職業カウンセラー」が対応にあたり、費用は無料です。予約制ですので事前に電話などで連絡をとってから相談に行きます。

地域障害者職業センターでは相談のほか、職業評価や職業準備支援、ジョブコーチ支援などもおこなっています。

職業評価──計算能力などを含む事務的な作業能力から、手腕や指先の動き、器用さなど全般的な職業能力を計るものです。カウンセラーなどが検査者となり、数時間かけて本人の職業評価をおこないます。職業評価をもとにして本人に適した職種の紹介などをおこないます。

職業準備支援──一定期間センターなどに通いながら、作業をおこない、スキルアップをめざします。実際の職場さながら商品や道具などを使い、商品の扱い方や陳列、検品や伝票チェックなども勉強していきます。ほかにも講習を通して就職に必要な知識や技術、コミュニケーションの方法なども学んだりします。

ジョブコーチ支援──障害者が職場で安定して就労を継続できるように、職場にジョブコーチを派遣するものです。本人と企業のあいだに立ち、双方に必要な助言をおこなっていきます。企業側には特性などをわかりやすく伝え、どのようにすれば高いパフォーマンスを発揮できるか助言をします。一方、本人には作業のねらいや意義などをわかりやすく伝え、どのように取り組めば周囲からの評価が上がるのか助言をおこないます。

●障害者就業・生活支援センター

公共職業安定所や地域障害者職業センターと連携をとり、障害者に対する全般的な支援をおこないます。全国に316カ所設置（2012年11月現在）されており、就職を希望されている障害者に対して、就業および生活の一体的な支援をおこないます。基本的に障害者を対象としていますので、利用の際には医師の診断などが必要になります。

おもに身体障害、知的障害、精神障害のある方を対象としており、特徴的なのは就労支援と生活面の支援を一体的におこなうことです。就労面では本人に向けた相談支援のほか、企業に対する助言などもおこなっています。生活面の支援では生活習慣や健康管理、金銭面の管理などの助言、住居、年金、余暇などの生活に関する助言などをお

こなっています。

●発達障害者支援センター

　発達障害者支援法にもとづく専門機関で、各都道府県や政令指定都市に設置されています。相談は全年齢が対象となっており、生活全般の相談や就労に関する相談などをおこなっています。相談活動のほか、「発達障害に関する普及啓発活動」もおこなっており、医療、保健、福祉、教育、労働、司法とその活動はさまざまな分野にわたります。

　しばしば、子どもを対象とした支援センターと思われがちなのですが、成人の方の相談を受けつけており、幅広く支援にあたっています。

　年々就労に関する相談は増加しており、高校生や大学生など在学中から相談に来られる方や、何回も転職をくり返してから相談に来られる方もいます。

　相談はすべて個別におこなっており、企業訪問や関係機関との連携、ネクタイの締め方や履歴書の書き方まで内容はさまざまです。

　相談方法はおもに来所による面談ですが、状況に応じて訪問相談もおこなっています。すべて相談は予約制で、あらかじめ電話などで確認をとる必要があります。相談は電話やFAX、メールでも可能です。

6 安定して働くための工夫

●作業環境を調整する方法

「見える化」という言葉を聞いたことがありますか? もともとトヨタ自動車の生産ラインで、「見える化」が導入されたのですが、「いつでも」「だれでも」「わかりやすく」状況を把握できる(見える)ようにすることで、トラブルやミスを防ぎ、効率化を図る作業環境の改善法なのです。

たとえば、作業中にトラブルなどが起きた場合、頭上の色のランプが点滅したり、警告音がなって何が起きたのかを瞬時に関係者が認識できるようになっています。こうした視覚的・聴覚的なシステムが導入された作業環境は作業内容がとてもわかりやすく、作業効率が向上します。

こうした環境調整は発達障害者にも有効です。福祉の分野では「構造化」といわれているのですが、たとえば「ついたてを利用して個別の作業スペースを作る」「足元の床にカラーテープを貼って自由に動いてもよい場所を明示する」、大がかりな構造化が困難な場合でも、携帯電話やカメラといった小型の機器を活用する方法もあります。

●職場の構造化の工夫

■携帯電話

会社に事情を説明し、携帯電話を使用の許可をもらいます。上司からの指示や業務内容は携帯電話の留守電に声を入力してもらうか、メールで送ってもらいます。指示を忘れてしまっても再度留守電を聞きなおすか、メールで確認することができます。

■イヤーマフ

聴覚過敏で作業に集中できない場合はイヤーマフも効果的です。防音のためのヘッドフォンのようなものです。工事現場などの騒音があるところで使用されています。値段は数千円程度です。防音性能をあげるために多少耳元の圧迫感はありますが、一般的な耳栓と比べると、防音効果に優れています。会話の必要がない作業中などに使用することで集中力が持続する場合もあります。

■ボイスレコーダー

指示の内容を忘れてしまうのであれば、ボイスレコーダーを活用します。事前に録音許可をとり、あとで要点をチェックすることができます。携帯電話にボイスレコーダーの機能が搭載されている機種があります。黒板やホワイトボードに書かれた指示は、携帯電話のカメラ機能を使って写真を撮り保存することでいつでも見直すことができます。

■3色ボールペン

メモのとり方も道具を工夫するとより効果的になります。3色ボールペンを使い色分けして記入したり、付箋を用意して色や大きさで使い分けるのもよいでしょう。メモ用紙が小さいようなら、ノートを使います。

■バイブ機能付の腕時計

2時間ごとにバイブを設定し、バイブがなったら深呼吸をするなどしてリラックスタイムを心がける人もいます。

■ノイズキャンセリングヘッドフォン

耳元で周囲の音と逆位相(性質が反対)の音を出して音を打ち消し、人の声だけをクリアにして聞き取りやすくするものです。こちらは数万円とやや高額です。

●人的環境を調整する方法

安定して働くためには周囲の人の理解を得て、人的環境を調整する方法もあります。

たとえば、指示系統をしぼり、指示は特定の上司からのみ受けるようにします。そうすることによって複数の指示が同時に下されるのを防ぎ、本人の混乱を防ぐことができます。単一の仕事に集中しやすくなるので効率も上がります。

ほかにも1時間休憩を「30分休憩2回」に分けるなどして、休憩時間を小分けにすると集中力が持続することもあります。

こうした作業環境の改善や調整は、具体的な話し合いをすることで効果を上げることができます。努力の強調や精神論などでは継続して働くのはむずかしいものです。まずは身のまわりの作業環境から見直してみましょう。

7 収入が少ないときの工夫

経済的な不安を解消するために給料や工賃、障害年金などの「収入」に目を向けがちですが、同時に「支出」を把握し節約できるところは思い切って節約することが重要です。収入はなかなか思うようになりませんが、支出はある程度自分の力でコントロールすることができます。

まずは毎月どの程度の支出があるのか調べ、節約できるところを探してみましょう。

●毎月の支出を調べる

食事や嗜好品、携帯電話、インターネット、ガソリン代など項目をあげればかなりの数にのぼりますが、家族の協力を得ながら丹念に一つずつ調べてみましょう。銀行の口座を一つにまとめると通帳に記帳された金額でおおよそのお金の出入りが把握できます。

毎月の支出には所得税や住民税、自動車税といった税金も含めましょう。さらには年金保険料や健康保険料などの公的保険料、駐車場代や自動車保険、車検にかかる費用などもありますので、それらを合わせるとどのくらい支出があるのかを調べてみましょう。

●固定費を見直す

支出をコントロールする基本は「固定費を見直すこと」です。固定費とは家賃や生命保険料、プロバイダー料金など毎月金額が変わらないものです。一方、食費や光熱費、携帯電話代などは月々の使用料などによってその使用量が変化するので「流動費」となります。

なぜ固定費を見直すのか、それは「一度見直すと、あとは自動的に節約してくれるから」です。固定費は契約内容を変更したり、手続きに時間がかかったりしますが、一度見直すだけであとは手間なく節約を続けることができます。それに流動費は習慣になっていることが多く、努力のわりに見返りが少ないこともあげられるからです。

●生命保険・医療保険

代表的な固定費ですが、民間の「生命保険料・医療保険料」があげられます。本来保険というものは、いざという場面で経済的に苦慮しないようにするためのものです。ところが例をあげますと、結婚をしていない若い方でも高額の生命保険に加入していたり、必要もないのに複数の医療保険に同時加入していたりすることがあります。そのため保険料の支払いが苦しくなり、家計を圧迫するという本末転倒の状態になる人もいます。大切なのはこまめに見直すことです。たとえば医療保険の入院給付金を見直し、月額保険料をひと月2000円安くするだけで年額2万4000円の節約になります。

国民年金や国民健康保険は所得に応じての免除制度などがありますし、住民税も同じように所得に応じて軽減する制度があります。

●自動車関連

自動車は想像以上に支出の大きいものです。自動車本体の価格もさることながら、自動車税、駐車場代、ガソリン代、車検代、タイヤやオイルなどの維持費もありますし、自動車保険の保険料もあります。こうしたことから自動車に関する節約をおこなうとメリットは大きいです。

まず普通自動車と軽自動車の違いですが、自動車税にかなりの差があります。普通自動車税ですが年間約3万円以上はかかります。一方、軽自動車の場合は7200円です。そのため普通自動車から軽自動車に乗り換えるだけで年間2万円は節約できます。

車検についても、点検程度でよいのであればガソリンスタンドや民間整備会社にお願いをすればよいと思います。必要最低限の整備であれば費用もぐんと安くなります。ただ、ディーラー車検は高額になる場合が多いのですが、部品の交換などはまめにおこなってもらえるので安心です。自動車の具合を勘案してどこで車検を受けるか考えた方がよいでしょう。

自動車保険についても定期的に見直すべきです。エアバッグの有無や走行距離などによって保険料は変わってきますが、補償内容を変更することによって年間数万円の違いがでることもあります。

これまで自動車事故を起こしたことのない人であれば「車両保険」には加入しなくてもよいかもしれません。車両保険はあくまでも「自分のための保険」なので、ぜいたく品の一つと思ってよいと思います。これだけで年間数万円の違いがでてくることもあります。

通学や通勤、レジャーなどの足として自家用車を使っていると思いますが、バスや電車、近い場所なら自転車に切り替えたらどうでしょうか。

●パソコン関連

パソコンでインターネット回線を利用しているのであれば「プロバイダー料金」を見直すのもよいでしょう。各社ともさまざまな割引特典がありますので、調べてみることをおすすめします。最近は1年とか3年以上の継続加入で大幅な値引きもあります。

もしインターネットを辞書がわりに使う程度であまり動画をみないのであればADSLなどの「通信速度の遅い回線」でよいと思います。通信速度が遅いといっても動画のダウンロードに時間がかかるだけなので、動画もそこそこ見られます。調べ物などのサイト閲覧にはとくに不都合はないです。それに光回線を利用していても無線LANやパソコン自体のスペックがスピードについていけず結局ADSL並みの場合もあります。

●仕事をやめる前に

すでに働いている場合でも、就労している人が「仕事をやめたい」と相談に来ることがあります。仕事をやめてしまうと収入がなくなり経済的に苦しくなります。できる限り仕事は続けてほしいのですが、辞める前に知っておきたい制度が二つあります。

傷病手当金

これは健康保険の制度です。病気などで仕事を4日以上休むときに利用できます。給料の6割程度を最大1年6カ月の期間支給されます。1年以上健康保険に加入している人がこの制度を利用すると、退職後も傷病手当金が支給されます。

傷病手当金の申請には診断書が必要ですが、うつ病や適応障害などの精神疾患でも支給されますので、まずは通院し医師に相談をしましょう。

この制度は仕事をやめてしまうと申請できなくなってしまいますので、まずは仕事をやめる前に病院へ行き、医師に診断書などを書いてもらいます。医師より「1カ月の休養を要する」などの意見があれば比較的仕事を休みやすいです。退職の前にまずは休むことを考えてみましょう。

失業等給付

これは雇用保険の制度です。失業手当ともいわれています。1年以上雇用保険に加入していた方が失業した場合支給を受けることができます。これまでもらっていた給料額の6割程度をおよそ3カ月間支給されます。

雇用保険の加入期間や退職理由（自己都合や会社都合など）によって支給期間などが変わってきます。自己都合で退職すると3カ月の待機期間が発生し、その間給付金が出ません。会社都合での退職の場合、1週間ほどで給付金が支給されます。くわしくは最寄りの公共職業安定所に相談してください。

自動車運転免許を取得しよう

　都心部以外の地域では運転免許証がなければ生活しづらい場面が見受けられます。免許はできる限り取得しておいたほうがよいでしょう。

　運転免許証は、一人暮らしをはじまるとき、銀行で手続きするときなど、身分証明書として使えて便利です。発達障害者のなかには大人としてのステータスだと感じている人もおり、免許証を持つことの意味も大きいと思います。

　免許を取得するには自動車学校に通学することになりますが、相談者のなかには「学校はいやだから行けない」と最初から小学校・中学校などと同じイメージを持ってしまい、「学校は怖いところ」と勘違いをしている方もいます。

　自動車学校も「学校」と銘打ってはいますが、実際にはお客様を集める一企業と思えばよいのです。どこの自動車学校も少子化のなか、お客様集めに力を入れています。

　小学校や中学校と違い特定の子どもからいじめを受けることもありませんし、集団登校もありません。授業中も指名を受けて答えるようなこともありませんので安心できます。

　最近では障害に配慮してくれる自動車学校も増えています。後部座席に家族が乗ってもよい場合もあります。担当の指導官を一人に絞ってくれて、毎回実技教習では担当指導官が同乗してくれたりします。

　どの自動車学校も事前の説明会があり、見学などもさせてもらえますので、事情を説明して相談をしてもよいと思います。

　一つ注意したい点があります。2013年6月に道路交通法が改正されました。改正に伴い自動車の運転に支障のある方は免許取得時や更新時に診断や症状について告知をする義務が課されました。もし通院をしながら自動車学校に通学するのであれば事前に医師に相談をしたほうがよいです。

　今後は免許を持っている方も、医師より運転を控えるよう助言を受けている場合は免許の更新ができない可能性があります（免許更新の申告書に虚偽申請をしますと罰則の対象となります）。不明な点は全国にあります「安全運転適性窓口」に相談してください。

参考になる本・文献・サイト

- 『家庭との連携で就労＝自立を実現する教育』上岡一世、明治図書、1998年
- 『ありのままの子育て　自閉症の息子と共に①』明石洋子、ぶどう社、2002年
- 『自立への子育て　自閉症の息子と共に②』明石洋子、ぶどう社、2003年
- 『ゲーム感覚で学ぼうコミュニケーションスキル』田中和代他、黎明書房、2004年
- 『教師のためのコミュニケーションスキル』田中和代、黎明書房、2005年
- 『お仕事がんばります　自閉症の息子と共に③』明石洋子、ぶどう社、2005年
- 『こうすれば自閉症の子どもの就労は実現できる』上岡一世、明治図書、2007年
- 『子どもの発達障害と情緒障害』杉山登志郎他、講談社、2009年
- 『高機能自閉症・アスペルガー障害・ADHD・LDの子のSSTの進め方』
  田中和代他、黎明書房、2008年
- 『別冊発達30　アスペルガー症候群の子どもの発達理解と発達援助』
  榊原洋一他、ミネルヴァ書房、2009年
- 『発達障害のいま』杉山登志郎、講談社現代新書、2011年
- 「発達障害と虐待はトラウマ（心的外傷）でつながっている」杉山登志郎、月刊地域保健、2012年
- 「障害者の雇用支援のために（事業主と障害者のための雇用ガイド）」
  独立行政法人高齢・障害・求職者雇用支援機構（2011年）
- 「発達障害者支援法の施行について」文部科学省HP
- 「発達障害を理解する」発達障害情報・支援センターHP
- 「平成24年障害者雇用状況の集計結果」厚生労働省HP
- 「『国際生活機能分類―国際障害分類改訂版―』（日本語版）の厚生労働省ホームページ掲載について」
  厚生労働省HP
- 「障害福祉サービス等　サービスの体系」厚生労働省HP
- 「成年後見制度〜成年後見登記制度〜」法務省HP
- 「障害年金」日本年金機構HP

あとがきにかえて

　よくご家族から相談を受けるのですが、「本人のプライドが高くて困ります」という声を聞きます。プライドがあるのは決して悪いことではありませんが、あまりにもプライドが高いと自分自身を客観的に見ることができず、現在の立場や状況を理解できないことがあります。

　「自信を持つこと」はとても必要です。自分のよい点、悪い点双方ともを認め、自分自身を丸ごと受け入れている状態、それが自信となり、やがて自尊心へとつながります。

　一方「プライドが高くて困ります」という場合、往々にして本人は「自分の悪い点を認めたくない」状態に陥っています。

　失敗が続くとだれでも自信を失います。ところが、なかには自信を失わないように「失敗そのものを無視」したり、「失敗の原因を周囲のせいに」したりして、反省をしない人もいます。このような状態が続くと自分のよい点・悪い点を認められなくなり、強いては社会との関わりも避けるようになっていきます。

　こうした状態を改善するためにも、地道に本人が努力できるような配慮をすることが必要です。努力するポイントや成長するためのポイントを掴めば、周囲からの配慮も受け入れやすくなります。

　発達障害は「一部の発達が止まってしまう」のではなく「一部ゆっくりと発達する」という特性により生じます。発達のスピードは人それぞれですが、丹念に学習をすることで着実に成長していきます。

　自分を客観的にみることのできる人は、周囲との関わり方も上手です。周囲の意見を聞くことができ、自身の改善点を把握することもできます。

　そもそも「プライドが高くて困る」という状況は「どのようにすれば成長できるのか」がわからないため発生します。努力するポイントや成長するポイントがわからないため、失敗を続けてしまい、そのために周囲から指摘を受けるなど悪循環に陥るのです。この悪循環を断ち切ることがまず必要となります。

　こうした努力するポイント、成長するポイントに「定型」はありません。一人ひとりに合った個別の方法を考えていくしかありません。年齢や性別、住んでいる地域や風土、家族構成などの周囲の状況によっても左右するものです。

　「周囲との適切なかかわり方を学び、必要な支援を柔軟に受け入れる」ために本書に紹介した事例を参考にしてほしいと思います。事例のなかの人たちはそれぞれ状況が違いますが、悪循環を断ち切るためのヒントは盛りだくさんです。ぜひ生活のなかで実践できる工夫をしてみてください。

併せて制度や福祉サービスなど、必要な支援、利用できるサービスについて把握しておくとよいでしょう。（野村昌宏）

　野村さんが述べられておられるように、発達障害者は「発達が止まる」のではなく「ゆっくりと発達する」のです。私たちのＢ型作業所「さくらハウス」では利用者さんが軽作業などをしています。それらの作業をすることで毎日少しずつ変わっていっているのです。
　その変化とは
・筋肉はあるのに、重たい段ボール箱を運べなかった人が、力の入れ方を身につけ、重い荷物を運べるようになってきた。
・人と話をしなかった利用者さんが、自分から「手伝って」と別の利用者さんに頼み、協力して作業するようになってきた。
・玄関を入る時に無言で入ってきていた利用者さんが、大きな声であいさつできるようになってきた。
・仕事の材料がなくなると「なくなりました」とだけいっていた人が、自分から材料の置場を探して（わからない時は聞いて）材料を持ってこられるようになってきた。
・精神症状が重たくてなかなか通ってこられなかった利用者さんが、（仕事ができない日もあるけれど）毎日通ってこられるようになってきた。
・下請けの仕事の納期が迫っているのに仕事が完了していないなど、スタッフが困っていると、仕事時間が終っても自主的に作業を続けてやってくれるなど、相手の立場や気持ちを理解できる人が増えた。
・孤立していた利用者さんが、他の利用者さんを仲間であると認識した行動をとるなどの変化が起きている。
・家族以外の人と交流がなかった利用者さんが、（親に連れられてであるが）「さくらハウス」に毎日通ってきて、指示された仕事をこなすようになってきた。
　以上が、変化の例です。
　すべての利用者さんが、このように少しずつ、しかし確実に変わってきて、アルバイトする方、障害者枠での就労ができた人、一般企業に実習に行っている人などが出てきています。
　発達障害者の方々が、子どもの頃からその人にあった支援を受けることで、よりよい人生を送っていただけるように、この本を活用していただけることを望んでいます。（田中和代）

2013年9月

●執筆者紹介

田中和代（たなか・かずよ）（編著・第1～6章担当）
NPO福井女性フォーラム理事長。発達障害者のための「B型作業所さくらハウス」施設長。臨床心理士。
静岡県静岡市生まれ。福井大学大学院修了。小中高校教員、東北公益文科大学教員を経て現職。
おもな著書：『高機能自閉症・アスペルガー障害・ADHD・LDの子のSSTの進め方』『ゲーム感覚で学ぼうコミュニケーションスキル』『教師のためのコミュニケーションスキル』『先生が進める子どものためのリラクゼーション』（いずれも黎明書房）ほか。

野村昌宏（のむら・まさひろ）（第7章担当）
1976年福井県福井市生まれ。福井県発達障害児者支援センター相談員。社会福祉士、精神保健福祉士。
情報技術系の高等専修学校卒業後、各種アルバイトを経て2000年よりアパレル企業の販売職に従事。働きながら東京福祉大学社会福祉学部で福祉を学ぶ。同大学卒業後2009年より現職に従事。
子どもから大人まで発達障害の相談を受けながら、大学や専門学校などで講演をおこなう。上記資格のほか高等学校教諭免許、特別支援学校教諭免許、保育士の資格を持つ。

カバー・本文イラスト／深見春夫
装　幀／守谷義明＋六月舎
本文デザイン／佐藤健＋六月舎
組　版／酒井広美

発達が気になる子のための自立・就労トレーニング
家庭・学校・社会生活での支援と訓練

2013年9月20日　第1刷発行

編著者	田中和代
発行者	上野良治
発行所	合同出版株式会社
	東京都千代田区神田神保町1-28
	郵便番号 101-0051
	電話 03 (3294) 3506　FAX 03 (3294) 3509
	URL：http://www.godo-shuppan.co.jp/
	振替 00180-9-65422
印刷・製本	新灯印刷株式会社

■刊行図書リストを無料送呈いたします。
■落丁乱丁の際はお取り換えいたします。
本書を無断で複写・転訳載することは、法律で認められている場合を除き、著作権及び出版社の権利の侵害になりますので、その場合にはあらかじめ小社あてに許諾を求めてください。
ISBN978-4-7726-1171-8　NDC378　257×182
©TANAKA Kazuyo , 2013